新型教育智库治理机制研究

Study on the Governance Mechanisms of the New-type Educational Think Tanks

李清刚 ◎ 著

广东高等教育出版社
Guangdong Higher Education Press
•广州•

图书在版编目（CIP）数据

新型教育智库治理机制研究/李清刚著. —广州：广东高等教育出版社，2019.7（2020.3重印）

ISBN 978-7-5361-6540-3

Ⅰ. ①引… Ⅱ. ①李… Ⅲ. ①教育事业-研究-中国 Ⅳ. ①G52

中国版本图书馆CIP数据核字（2019）第169443号

新型教育智库治理机制研究

XINXING JIAOYU ZHIKU ZHILI JIZHI YANJIU

出版发行	广东高等教育出版社 地址：广州市天河区林和西横路 邮政编码：510500　电话：（020）87553335 http://www.gdgjs.com.cn
印　　刷	广州小明数码快印有限公司
开　　本	787毫米×1 092毫米　1/16
印　　张	11
字　　数	203千
版　　次	2019年7月第1版
印　　次	2020年3月第2次印刷
定　　价	36.00元

序　言

中国古代有着丰富的智库资源，但现代意义上的智库起源地却是美国。因此，研究新型教育智库治理机制首先要考察美国教育智库的发展演变史，从中获取可资借鉴的经验为我所用。鉴于在西方教育被公认为是一门软科学，一直是西方研究实力雄厚的智库的重要对象；因此，研究新型教育智库的治理机制必然要考察以美、德、日等国为代表的智库治理机制的经验和特点，从中提炼有关智库治理机制的一般特点，并结合中国新型教育智库的治理实践进行创新型转化和创造性发展。自党的十八大之后，新型智库研究在中国也日益成为显学。尤其在2015年中共中央办公厅、国务院办公厅印发了《关于加强中国特色新型智库建设的意见》之后，教育领域也掀起建设新型教育智库的热潮。至于什么是新型教育智库、它在决策中处于什么角色定位、它有什么特点、它的职能是什么、它有哪些类型等这些新型教育智库治理机制的基本理论问题，目前学术界的研究还非常零散和残缺不全。本研究就是从新型教育智库治理机制的若干基本理论问题出发，通过运用文献研究、比较研究等方法概括提炼出新型教育智库治理机制的内部和外部框架，以此作为理论剖析的起点。接着采用扎根理论的方法，以分类抽样的方式择取国内三类典型的教育智库，以个案研究形式探索其治理机制和特点，并和前述归纳出来的框架进行“理论对话”，通过多次的迭代、检验、修正和生成新型教育智库治理机制的“通则式理论”，力图为世界教育智库的发展提供中国方案和中国智慧。

本书包括导论、新型教育智库治理机制的逻辑基础、教育智库治理机制的个案研究和新型教育智库的治理机制建构四部分。其中，有两点重要发现。

第一，新型教育智库是指相对稳定的，从事公共政策研究，并以研究为基础进行公共政策建言、咨询、交流、推广的组织（目前，参与全球政策网络还只能是未来演变的趋势）。它符合国际上智库内涵的一般特征，表现出的自身特色主要有两点：一是不像以美国为代表的西方教育智库所标榜的研究“中立立场”，而是旗帜鲜明地坚持党的领导，为人民服务；二是不仅咨政，还要咨学。新型教育智库的行政层级与其影响力发挥大小存在一定的关系。层级越高，咨政职能越突出，更符合国际上对智库的定义特点，咨政影响力也越大。层级越低或者距离决策中心越远，咨政职能越弱，咨学职能越突出，更多表现出像一个教学研究机构。不同级别的新型教育智库应该发挥不同的职能，不应强求划一。

第二，新型教育智库的治理机制应定义为新型教育智库与政府公共部门、评估机构、媒体等主体通过谈判与协作建立互动的伙伴分工及网络关系，一起分享公共权力，在追求各自目标的过程中实现帕累托最优①。该内涵主要有以下几个特点：一是政府分权和授权。二是治理主体多元化。政府主要负责监管，新型教育智库主要负责思想的生产和销售，评估机构主要负责对政策产品的评估，媒体主要负责设置大众议程和传播政策理念。三是主体间互动。四是形成自治网络。五是治理手段多样。分别从智库主体和制度供给两个视角考察新型教育智库的治理机制，可以发现新型教育智库治理机制分为内部治理机制和外部治理机制两个层面。内部治理机制主要包括健全法人治理结构、实行矩阵式组织管理、团队领导者培养制度、智库专家分类管理机制与话语系统的构建机制、绩效考核制度、教育研究成果评价和应用转化机制、资金募集制度等。外部治理机制包括新型教育智库的监管制度、完善重大教育决策意见征集和辩论制度、建立政府购买教育决策咨询服务制度、发挥智库行业的中介作用、健全教育舆论引导机制、建立新型教育智库的经费管理制度、税收审查机制、评估机制等。一系列的内外部治理机制的创新和优化，将提高新型教育智库思想产品的独立性和质量，回应决策者等相关利益者复杂多样的要求。

整个研究体现了扎根研究的“理论—实践—理论—实践”的多次交互、升华和统一。由于本书是初步探索新型教育智库治理的引玉之作，

① 帕累托最优，也称为帕累托效率，是指资源分配的一种理想状态，假定固有的一群人和可分配的资源，从一种分配状态到另一种状态的变化中，在没有使任何境况变坏的前提下，使得至少一个人变得更好。

存在一些疏漏和欠缺，正如伏尔泰所言任何著作都有悲剧性因素，大概就是无论如何提升总有遗憾的意思，敬请读者和同行不吝指正。

本书的完成首先要感谢华南师范大学公共管理学院赵敏教授的精心指导。同时感谢三个个案智库的匿名接受访谈的若干负责人和专家学者，你们的专业精神和精进态度是激励我前行的动力，你们对新型教育智库的美好期许一定会实现。这里要特别感谢济南大学管理学院教授朱孔来，为一个他素昧平生的年轻人免费提供学习机会。特别感谢教育部教育发展研究中心研究员高书国和南京大学中国智库评价与研究中心副主任、首席专家李刚教授百忙中拨冗接受我的访谈，为本书一些观点的产生提供了启发。特别感谢中山大学原教授黄崴对我研究的关切和给予的生活关照；特别感谢华南师范大学基础教育与培训研究院院长王红提供的为期一个月的赴美深造的机会，使我考察和了解美国教育智库的运作。感谢广州市教育研究院方晓波院长、周鹏副书记、查吉德副院长、刘金军院长助理等院领导提供的宽松而又严谨的学术环境和支持氛围，使本书得以顺利撰写。最后特别感谢这个伟大的新时代，能够生活在中国当代史上如此接近世界中心的新时代是每个中青年学者不可多得的机遇。正如习近平总书记指出的那样“新时代是奋斗者的时代”，每个中青年学者都要自觉有为，瞄准时代最棘手的问题展开研究，找真问题、做真学问，同人民一起开拓、同祖国一起奋进，为中国重回世界中心和引领时代贡献力量和智慧。

是为序。

李清刚

2018 年 12 月 30 日

目　　录

第一章　导论

一、研究的缘起

2015 年，中共中央办公厅、国务院办公厅印发了《关于加强中国特色新型智库建设的意见》之后，教育领域据此也要贯彻落实建设新型教育智库的使命。笔者由于自身就长期在一家地方性教育智库工作，自觉意识到这项新使命的意义重大，并有成为研究热点的潜质。当然，选择研究热点并不是为了追逐可能的热点而选择之，而是奔着热点中可能存在的问题而去，“学以致用”，能够体现出知识分子忧国忧民的情怀和济助苍生的大爱。新型教育智库研究虽然是可能的热点，实际上却受到了“冷遇”——至今新型教育智库的建设进展都非常缓慢。那么当前教育智库究竟存在什么问题呢？坦率地说，学界对此梳理得非常不够。现有的研究中，有的把目前教育智库存在的问题归纳为以下四个方面，即独立性不足、研究手段和研究方法落后、创新力不强、社会影响力较弱等；[①] 有的则提出当前教育智库存在规模不足、重复无序、独立性不强、研究方法固化等问题；[②] 还有的认为当前教育智库主要存在独立性不足、影响力不广、专业性不强、可操作性不够、结构失衡（官方智库居垄断地位）等问题。[③] 学者们归纳的上述问题基本上大同小异且过于宏观，不够全面也不够深入细化，这个与研究者主要来自于智库外部有关，他们归纳这些问题时只简单地把西方智库拿来作为参照对象进行比较，不仅对西方智库的批判不够，而且对中国教育智库存在问题的分析与阐

---

① 付卫东，付义朝．我国教育智库建设的现状、问题及展望［J］．华中师范大学学报（人文社会科学版），2017（2）：167－176．

② 周谷平，罗弦．中国立场的教育智库与教育治理［N］．中国教育报，2017－04－27．

③ 王建梁，郭万婷．我国教育智库建设：问题与对策［J］．教育发展研究，2014（9）：1－6．

释也不够透彻，缺乏内部观点的透视。一言以蔽之，目前教育智库理论研究不足，甚至对其发展现状也缺乏基本梳理；[①] 更缺乏从治理的理论视角出发对教育智库存在的内外部运作机制进行透析，并从个案实地调查研究出发剖析这些问题和提出破解之策的研究。这确实是一个值得开拓的领域。

笔者在一所地方性教育智库工作了10多年，不仅对自己所在的教育智库存在的问题深有体会，而且10年来一直考察和关注了国内教育智库的发展，曾多次调研国内几十所有代表性的教育智库。本文择取表征当前教育智库特色的三家典型智库进行个案研究，在实地调查中对教育智库的负责人、专家及智库服务的客户进行了深度访谈，并进入智库中进行参与式观察，搜集了实物资料，在智库理论和治理理论的观照下进行了原始资料的编码和本土概念的提炼。笔者发现教育智库建设存在的问题可总结为以下12点。一是对新型教育智库的定位、产品、职能、类型等基本理论问题认识不到位，导致了实践中政府对教育智库的定位、职能等认识不深刻，习惯把其视为秘书处，而非思想库。教育智库自身也对上述问题认识不到位，不能充分履行其职能。二是内部运作机制不顺。事业单位性质的教育科学研究院，目前还未采用国际智库通用的矩阵式管理。三是缺乏领军人才。知名度高的、通晓专业学术与政府规则的领军人才稀缺。四是缺乏团队合作。由于知名度高的领军人才缺乏，难以聚合各类人才进行团队合作，目前更多地局限于部门内的合作，“有团无队”。五是没有旋转门机制。政府和教育智库之间，以及教育智库与学界、媒体界等之间，都缺乏应有的互动和正常的人才流动。六是权力主导的绩效工资分配，并没落实真正的多劳多得，而是根据所拥有的权力大小领取薪酬。七是研究成果质量不高，习惯炮制“类学术”成果，滥竽充数。八是教育舆论引导不力。例如，针对校内减负导致校外培训火爆、家长怕“输在起跑线上”的群体性焦虑等现象，很少见到有教育智库积极发声回应，疏导和化解家长心理压力。九是国际影响力太低。目前我国新型教育智库在国际教育政策方面几乎没有话语权。十是教育智库参与决策缺乏保障。十一是第三方质量评估机构缺失，导致泥沙俱下。十二是缺乏适合教育智库特点的经费筹集制度等。

诺贝尔经济学奖获得者科斯（Coase）在批判陷入抽象分析旋涡之中的“黑板经济学”时强调：“不从观察现象出发，对规律的猜测就不可能有坚

---

① 袁本涛，杨力苈．从文献看教育智库研究：一个亟待开拓的领域［J］．高等工程教育研究，2016（2）：40－47．

实的基础。"[①] 笔者谨遵教诲，就从观察教育智库现象出发，梳理出教育智库存在的12个典型问题并进行分类破解，具体如表1－1所示。

表1－1 教育智库存在的问题与破解策略

存在的问题	破解的策略
对新型教育智库的定位、产品、职能、类型等基本理论问题认识不到位	构建新型教育智库的定位、产品、职能、类型等理论
党的领导有待加强，内部运作机制不顺	健全法人治理结构，实行矩阵式组织管理
缺乏领军人才	建立智库专家分类管理机制与话语系统的构建机制
缺乏团队合作	建立团队领导者培养制度
缺乏旋转门机制	建立人才流动机制
权力主导的绩效工资分配	健全绩效考核制度
研究成果质量不高；国际影响力低	建立教育研究成果评价和应用转化机制
教育舆论引导不力	健全教育舆论引导机制
教育智库参与决策缺乏保障	建立政府购买教育决策咨询服务制度
第三方质量评估机构缺失	发挥智库行业的中介作用，建立评估机制
缺乏适合教育智库特点的经费筹集制度	建立新型教育智库的经费管理制度，建立税收审查机制

上述12个问题及其破解策略可概括分为两大类，即对新型教育智库的定位、产品、职能、类型等基本理论问题认识不到位及其破解策略可以归属为智库基本理论问题及构建类别；剩下的11个问题及其破解策略，均属于教育智库治理机制的范畴。这两大类别的联系也很紧密，如果研究者对新型教育智库的定位、产品、职能、类型等基本理论问题的认识模糊不清的话，显然无法更进一步地进行新型教育智库治理机制的研究，反过来新型教育智库治理机制的深入研究也会深化研究者对教育智库的定位、产品、职能、类型等基本理论问题的认识。二者相互补充，相互促进，相得益彰。因此，选择研究新型教育智库治理机制，也必须把新型教育智库的定位、产品、职能、类型等基本理论问题探讨清楚，以此作为研究的逻辑起点。

① 周其仁. 改革的逻辑［M］. 北京：中信出版社，2013：25.

笔者选择研究新型教育智库的治理机制还受到来自国际同行研究的启发。国际上研究智库的理论主要有精英理论、多元主义理论、领域理论等。精英理论认为智库是整个国家权力结构的一部分，是统治精英的工具。这个理论很多时候不能解释那些反对政府施政观点智库的存在，它们如果为了提升统治精英的利益，又怎么会反对自身呢？多元主义理论认为智库与利益集团、独立政策专家、第三方社会组织等一样都是政策研制大家庭中的一个成员，都是以影响公共政策为目标的“伙伴”而已。这个理论不能解释为什么是智库而不是别的“伙伴”在“合唱团”里常常脱颖而出得到政府的看重呢？领域理论认为智库跨越政界、商界、媒体界及学术界，善于平衡和利用这些领域资源取得成功。这个理论不能解释为什么很多高端智库根本不重视与商界、媒体界及学术界的联络，而仅仅重视与政界的联系就取得了巨大的成功，如加拿大的大多数高端智库就是如此。显而易见，每种理论对智库的解释力都有限度，甚至相互有矛盾之处。当检索到著名智库研究专家唐纳德·埃布尔森（Abelson）的观点时，对笔者颇有启发。他提出转换性的解决思路：与其在这个问题面前踌躇不前，不如把注意力转移到智库在什么情况下以及如何能以国家利益为重并发挥正面的资政建言作用呢？也就是“要对智库研究发展出一套新的叙述方式，探索他们如何才能做出更大的贡献，而不是追究他们所能施加多大的影响力”。[①] 这个思路在中国目前的政策话语体系里恰好属于新型教育智库治理机制的内容。研究新型教育智库治理机制不就是研究如何发挥相关主体的活力，以公共教育利益最大化为重，使之相互协调地提高新型教育智库的咨政建言的能力和效率，使其最大限度地发挥塑造教育政策的积极作用吗？

二、研究的意义

（一）研究新型教育智库治理机制是提高教育决策科学化、民主化的客观需要

正如麦甘恩（James G. McGann）指出的那样，智库是客观独立的政策分析和生产者，在知识与权力的沟通中，能够克服现代政治体系缺少时间的内在制约。决策者缺少时间去综合研究要制定政策的复杂教育问题，学者们也缺乏时间为决策者关注的教育议题服务。双方在各自的领域有着比较优势，按照专业分工的规律，各行其是。如果缺乏联络，决策者就会盲目制定教育政策，同时学

---

① ABELSON D E. It seemed like a good idea at the time: reflections on the evolution of American think tanks [J]. Canadian review of American studies, 2016 (1): 139 – 157.

者的研究无人问津。[1] 而新型教育智库就是知识与权力沟通的桥梁，通过对有关教育政策问题的研究为政府提供政策建议，评估政府实施的教育项目，提高教育决策的科学化；通过媒体解释政策，帮助公众理解和支持政策创新，构建专家议程，建立平台，就重大教育问题进行大范围的讨论，扩大教育决策的民主化。研究新型教育智库如何治理才能更好地履行“桥梁”使命，就势在必行。

（二）研究新型教育智库治理机制是教育治理体系和治理能力现代化的重要内容

在现代化发展历程中，智库在国家治理中发挥着越来越重要的作用，日益成为国家治理体系中不可或缺的组成部分，是国家治理能力的重要保障。完善国家治理体系，除了发挥政府在国家治理中的作用外，还要发挥全社会的力量来促进社会进步。而智库积聚了各类人才，能够提供经济、政治、文化、社会等方面的研究成果，从而助推国家治理体系和治理能力现代化。[2] 智库要自觉地对中国实现教育现代化所面临的独特国家治理问题进行系统性、前瞻性研究，为中国政府推动教育治理现代化的决策提供支持，成为教育治理体系的中坚力量。根据《关于加强中国特色新型智库建设的意见》要求，研究新型教育智库的治理，就是研究如何尽快形成定位清晰、特色鲜明、规模适度、布局合理的新型教育智库体系，以便充分发挥它们在治国理政中的理论创新、服务决策、指导实践、舆论引导、公共外交等重要作用。

（三）研究新型教育智库治理机制是国家增强软实力的必然要求

大国的崛起，既是经济等硬实力的崛起，也是思想文化等软实力的崛起。智库不仅是国家软实力的重要载体，也是提升国家软实力的重要手段，越来越成为国际竞争力的重要因素，在对外交往中发挥着不可替代的作用。研究新型教育智库治理机制就是研究如何协同新型教育智库各项职能的高效运作，以增强中国教育的国际影响力，增强中国道路的吸引力，增强中国对国际赛场的控制力，从国家根本利益出发，研究中国发展以及中国与世界的关系，发出“中国声音”，提出“中国倡议”，提供“中国方案”，塑造负责任大国的形象。[3]

---

① 麦甘恩，威登，拉弗蒂．智库的力量：公共政策研究机构如何促进社会发展［M］．王晓毅，张倩，李艳波，等译．北京：社会科学文献出版社，2016：48．

② 郑新立．探索建立中国特色新型智库［J］．全球化，2014（3）：5－11，125．

③ 中国国际经济交流中心“加强中国特色新型智库建设研究”课题组，张大卫，张小冲，等．中国特色新型智库构建：现状、问题及对策［J］．全球化，2015（2）：107－119，133．

（四）研究新型教育智库治理机制是落实“一带一路”倡议的重要支撑

教育部印发的《推进共建“一带一路”教育行动》提出中国将以基础性、支撑性、引领性三方面举措为建议框架进行教育合作，相互学习先进教育经验，推动“一带一路”沿线国家和地区的教育的优质和加速发展。各地要发挥区位优势和地方特色，有序地与沿线国家和地区做好彼此间人文交流。各地主动搭建海内外教育平台，支持并指导本地教育系统与“一带一路”沿线国家和地区广泛开展合作交流，打造教育合作交流区域高地，助力做强本地教育。新型教育智库在推进“一带一路”倡议中发挥着加强交流、调查和提供管用、精准的政策建议的作用。新型教育智库只有达到善治，才能更好地把中国的先进教育经验向“一带一路”沿线国家和地区进行推介和共享。因此，研究新型教育智库治理机制就成为落实“一带一路”倡议的重要支撑。

（五）研究新型教育智库治理机制是提高当前教育智库水平的重要举措

新型教育智库要以服务国家教育决策为中心，以研究重大教育问题为主题，以改革创新为动力，以提高质量为导向，为社会主义教育事业发展提供智力支持。① 而当前的教育智库“跟不上、不适应”问题比较突出，具体表现为理论创新不足，舆论引导乏力；高质量成果少，循环研究较多；公众参与不足，成果推介力度不够，议程设置缺位；融资渠道狭隘，社会支持薄弱；国际传播力较弱，话语权和影响力有限。② 显而易见，当前的教育智库距离新型教育智库的标准和要求还很远，因此，必须研究新型教育智库的治理机制，才能把当前的教育智库培育为政府“信得过、用得上，离不开”的新型教育智库。

---

① 周洪宇．创新体制机制，建设中国特色新型教育智库［J］．教育研究，2015（4）：8－10.

② 叶林峰．建设中国特色新型智库的若干建议［J］情报杂志，2016（3）：32－35.

第二章　文献综述与概念界定

一、教育智库学术史梳理——以美国为例

（一）美国教育智库的发展演变①

目前学界毫无争议地认为现代智库源于美国。直到今天，全世界的智库都把美国智库，如布鲁金斯学会和传统基金会等取得的成就视为学习的对象。埃布尔森指出早在进步时代，卡内基、布鲁金斯及胡佛等有远见卓识的慈善家就认为在一战前后美国将会遭遇严峻的挑战，必须进行经济和政治的改革以建立有效率的、可问责的治理，那么发挥专家的作用必不可少。他们坚信，为了促进美国改革前行，"国家的智力资源必须以一种创新性的方式进行开发和管理"。他们目睹了 19 世纪末期社会科学专业知识在解决移民定居方面发挥的独创性的作用。因而他们坚信社会科学的专业知识能够有效处理美国很多结构不良的社会问题。在 20 世纪早期阶段，这些慈善家在建立今天普遍成为智库的机构方面扮演了关键的角色，致力于诊治美国国内外政策中潜藏的问题。②

各种基金会成立的宗旨就是不仅帮助需要帮助的人，还要向负责制定政策的官员提出基于客观事实的建议，从而帮助更多的人。因而基金会在促进社会民主进步和疏导社会压力方面起到了独一无二的作用。1905 年成立的卡内基教学促进基金会，可被视为现代教育智库的开端。最初该机构只有 2 ~ 5

① 李清刚．美国教育智库的发展演变及特点［J］．教育学术月刊，2017（2）：27 – 32，75．

② ABELSON D E. It seemed like a good idea at the time：reflections on the evolution of American think tanks［J］．Canadian review of American studies，2016（1）：139 – 157．

人组成，“向任何教育实验或发展提供适当的和有效的帮助”。卡内基教学促进基金会在当时也很少依法参与教育决策活动。早期的这些智库主要起到“外脑参谋作用——使用头脑风暴法来产生咨政意见，但不介入决策过程”,[①] 具有偶然性和随机性，研究方法比较单一，致力于保持知识分子和机构的独立性，不对决策产生直接的影响。截至二战之前，美国的智库数量较少，政策研究所只有 24 个，当时全世界的智库数量也非常有限。[②] 20 世纪三四十年代小型智库开始出现，智库的数目有所增加，二战期间美国共有 45 个智库。为保证战争消耗所需的经费，当时教育研究难以得到所需要的经费资助，也鲜有智库进行教育政策研究，此时智库发展依然缓慢。

二战后，智库一词开始用于军工企业的研究与发展部，最有名的当属道格拉斯飞机公司的研究发展部。20 世纪 40 年代该部成为独立实体，就是大名鼎鼎的兰德公司。自此智库的概念逐渐被接受，兰德公司引领了新一代智库的发展，即主要由政府资助，研究宗旨主要回应决策者的特殊关切。[③] 在当时比较具有代表性的教育智库当属 1947 年成立的致力于改进美国公立中小学教育的哥伦比亚大学师范学院的霍瑞斯曼—林肯研究所（HMLI）。到了 60 年代智库开始流行，并开始取代大学成为新政策理念和发起倡议的主要生产者。[④] 此时公民社会开始觉醒，再加上冷战对峙而对技术理性的关注，美国政府开始充盈一种全新理念，即面对苏联日益增长的军事威胁，科技，而非外交才是有效的应对之道。[⑤] 同时伴随着政策科学知识的迅猛增长和研究方法的改进，智库迎来了繁荣期，以美国国内事务为取向的智库发展迅速。在二战之后美国开始显著增加对公立学校的经费投入。因为在这个时候教育已经成为解决经济和社会问题的重要的国家工具。1954 年，根据《合作研究法》美国联邦政府第一次对教育研究项目经费进行资助。此后规模大的、私人的基金会也开始大范围地对教育研究提供赞助。为了获得经费，很多综合性智库开始关注教育研究领域。其标志事件是 1957 年，苏联成功地发射了第一颗人造地球卫星，这大大地刺激了美国大众。一向自诩引领科技潮流的美国尽管发布了世界上第一份关于人造卫星可行性的全面评估报告，却发

---

① ABELSON D E. American think tanks and their role in the U. S. foreign policy [M]. London and Basingstoke: MacMillan Press Ltd., 1996: 27 - 28.

② 王佳宁，张晓月. 智库的起源、历程与趋势 [J]. 重庆社会科学，2012 (10): 102 - 109.

③ A Brief History of RAND [EB/OL]. https://www.rand.org/about/history/a - brief - history - of - rand/html.

④ WIARDA H J. Think tanks and foreign policy in a globalized world: new ideas, new “tanks”, new directions [J]. International journal, 2015, 70 (4): 517 - 525.

⑤ 阿贝拉. 兰德公司与美国的崛起 [M]. 梁筱芸，张小燕，译. 北京：新华出版社，2016: 7.

现在航空航天竞赛中已经处于下风，这种“屈辱”促使美国增强数学和物理教育实力。美国国家科学基金会联合联邦教育部向时任总统艾森豪威尔提出《国防教育法》的基本构想，在此蓝本的基础上经国会依法审定为《国防教育法》，并于1958年颁布了《国防教育法》。依此法案国会开始拨款并规范公立学校的教育工作，每年提供将近600万美元的教育研究经费。60年代美国政府对教育政策研究进行资助的目的是期望提高美国学校教育质量的改革计划并得到实施。1965年通过了小学和中学教育法案后，研究经费比此前大幅度增加。“在1964年到1976年，美国教育政策研究的经费每年翻一番。”① 在该法案的支持下，一系列以大学为基地的专门的教育智库以及区域性的实验室建立起来，人们期望这些机构进行的研究有助于教育改革，改进学校的教学质量。到了70年代这种期望落空了，教育政策研究的“线性”和“直接”应用的简单模式没能为教育改革起到促进作用。受到当时“公共行政的研究从组织与管理转向政策分析与政策制定的价值问题”② 的影响，教育政策研究中的价值问题得到重视，对教育政策研究结果的复杂性开始反思和认识深化。到了80年代，人们越来越深刻地认识到智库对教育政策的研究对政府和政策制定者来说并非是“无用的”，实际上这种研究是“蔓延式地”渗透进政策制定议程中，即通过研究结果对政策制定者的“启蒙”和渗透积累而实现咨政职能。因而不能把自然科学领域遵循的“线性”模式简单地移植到教育政策研究之中，教育政策的研究必须吸收社会学、人类学等人文学科的研究方法。

随着研究方法日益丰富和综合，智库的职能由此得到丰富和拓展，研究领域也得到分化和深化。此时智库不仅限于利用头脑风暴产生咨政意见，而是全面涉及政策制定的环节和流程。在议题设定阶段，智库要起到警示、前瞻的作用；在决策阶段，智库要起到提供合法性和可操作性依据的作用；在实施阶段，智库要起到帮助公众理解政策并对政策进行技术评估的作用。政府重新支持教育研究的主要目的是期望研究能够提高教育计划实施的效果，利用研究结果也可以使得教育政策合理化。20世纪80年代，美国智库发展至1 200多个。智库的迅猛和多元化发展促进政治社会的良性发展。由于教育政策研究具有跨学科、多变量和多层次的特点，在西方被公认为只是一门“软科学”，与根植于自然科学的技术一样的“社会技术”是不存在的，在

① 胡森，波斯尔斯韦特．国际教育百科全书：第七卷［M］．徐培成，译．贵阳：贵州教育出版社，1990：232.

② 弗雷德里克森．公共行政的精神［M］．张成福，刘霞，张璋，等译．中文修订版．北京：中国人民大学出版社，2013：151.

研究结果和预测前景方面缺乏说服力，因而“只有非常有限的一流学者或机构进入到教育政策领域中”。[①] 而且教育政策研究在美国被视为公共政策的组成部分，没有自身的特殊性，因而也往往成为高端智库的研究对象。在此期间，美国教育智库在数量上并未获得大发展，专门的教育智库数量也非常少，教育研究只是作为大型智库的一个分支机构，比较出名的高端教育智库至今仍屈指可数，例如，20 世纪 70 年代兰德公司成立的教育研究部，1985 年由 7 所知名大学联合成立的美国教育政策联盟、1994 年布鲁金斯学会成立的布朗教育政策中心，1995 年成立的美国教育政策中心以及 2002 年美国教育部成立的内设机构——美国教育科学研究院，等等。

总体来说，美国智库对正式决策议程施加决定性的影响非常困难。智库不是游说组织，美国税法规定，美国的非营利组织（美国智库大多登记为免税的非营利组织）不能试图影响某项具体的立法。因此，一个教育智库所提出的咨政方案直接进入政府议程中并被全盘转化为合法政策的机会几乎为零，也就是一个小概率事件。即使智库对某一重大教育政策产生深远影响，出于税法规制，也只会轻描淡写，而不会着力渲染夸张。鉴于美国教育立法程序的复杂性和美国政治中的众多利益冲突，任何一个行为者都很难宣称对某一教育政策独自承担责任。因而“根本无法精准测定某个智库对某项公共政策的出台做出了多大的贡献”。[②] 此外，教育智库所提方案进入政府议程的机会如此之低，既和智库的专业能力密切相关，也和政府在进行相关问题决策时对受到压力的敏感性以及利益集团对政策的左右密切相关。尽管如此，智库对美国政策的影响力仍然不可低估，“它现在在美国政治中扮演重要角色，与政党、利益集团或国会一样重要。”[③]

进入 21 世纪初期，随着咨询业的市场越来越国际化，智库为研究经费展开的竞争也越来越激烈。截至 2015 年，美国范围内有约 2 000 个智库，专门的教育智库约有 90 个。众多专业化智库的快速发展不同程度上降低了综合性智库的影响力，使得决策者有了更多的选择空间。由于高端智库在过去 30 年中的发展如此成功，以至于许多华盛顿的大律师事务所、商业协会、公共关系公司甚至政府机构都复制他们的经验并建立起自己的“政策商店”，这些高端智库的常客就可以从自己的“政策商店”获取所需要的产品，一定

---

① 基夫斯. 教育研究方法：上［M］. 石中英，译. 重庆：西南师范大学出版社，2011：87.

② WEIDENBAUM M. A challenge to Washington think tanks［J］. Challenge，2009，52（1）：87－96.

③ WIARDA H J. Think tanks and foreign policy in a globalized world：new ideas，new “tanks”，new directions［J］. International journal，2015，70（4）：517－525.

程度上降低了对高端智库的依赖性。因此筹集资金就变成了各个智库极度渴望的行为。很多智库 CEO 认为筹集资金占据了他们工作时间的 80%，甚至智库学者必须为自己的薪水和计划筹集资金。智库学者如果在两年时间里没有筹集到足够的资金，则可能会被淘汰，兰德公司的学者亦是如此。然而，个别智库对资金的迫切需求和向大的捐赠者姑息妥协已经违反了独立的原则，甚至损害了研究成果。在很多智库中公共关系人员所占比例较大，被认为比研究成果更重要。捐赠市场也出现一些新的变化，由于捐赠者对变化的美国税法感到晦涩难懂，使得富有的捐赠者对智库之类的机构缺乏兴趣，而且捐赠者已经了解到通过捐赠他们将得到更多的宣传，例如，通过捐款给当地的交响乐团开一个新的公园，或者创建一个艺术画廊，远比捐赠给布鲁金斯之类的智库，待五年后弄出来一本 500 页、没人愿读的书来更划算。智库为了节约资金和采用行动研究，越来越多地雇佣只有硕士学位而不是博士学位的人才（经常是几乎没有研究或写作经验的前任政府官员）。[①] 此时美国教育智库的发展表现出五个趋势。一是由经验分析转向证据为本。以往的教育政策拟制往往不太注重研究方法的综合使用，相当多地依赖经验分析，这些经验分析经常是分散的、混乱的，甚至是相互驳斥的。因此政策制定者需要一种具有权威性的声音，这就需要转向基于证据的教育政策研究和制定，使得美国重要的教育政策建立在规范缜密的研究上。二是从思想库到策略库的转变。为谋求生存，教育智库不得不专注于专业能力建设，进行智库人才的竞争，教育智库发展朝着从思想库到策略库的转变，不再强调为决策提供渗透性的和启蒙性的理念，而是能够利用大数据等先进的研究手段快速、创新性地提供解决教育难题的、非常规的、直接适用的策略和为共同抱负的智库人才提供“非常规战术”的策略训练。[②] 三是从思想库到行动库的转变。正如安·玛丽·斯劳特（Slaughter）和本·斯科特（Scott）指出的那样，美国当下的智库“即使是超级优秀的政策分析也很少能导致政策的变革”。[③] 为了改变智库成果被政府议程采纳比例较低的现状，美国教育智库开始注重在舆论引导方面积极作为，争做行动库，即积极地向社会和年轻人传播智库的理念、主张和声音，争夺公众议程中的话语权[④]，以间接的方式影响决策

① WIARDA H J. Think tanks and foreign policy in a globalized world: new ideas, new “tanks”, new directions [J]. International journal, 2015, 70 (4): 517 -525.

② TROY T. From think tank to do tank [J]. The Wilson quarterly, 2012, 36 (2): 59.

③ SLAUGHTER A M, SCOTT B. Rethinking the think tank [J]. Washington monthly, 2015 (11): 1 -5.

④ RUSSELL N. A think tank with action [J]. The American spectator, 2013: 44.

者，争取政府认同。如倡导型的传统基金会“通过反复而又复杂的渠道来游说政策制定者以助推符合自己意识形态、信念和金主利益的政策”，即便是布鲁金斯学会这样的以学术性、客观性闻名，作品在学术界影响广泛的研究驱动型智库组织，也越来越注重产品的推销，并通过自己的电视频道增加学者在短时间内出镜的机会。[①]无独有偶，肯特州立大学的贝德福德（Bedford）和哈达尔（Hadar）通过对包括布鲁金斯学会、美国进步中心、兰德公司、传统基金会、美国企业研究所等10个顶级智库的研究发现，大多数被研究的智库对倡导的强调远超过对研究的关注。四是智库的虚拟化和网络的普遍化。随着信息革命和通信技术的发展，不再局限于具体的组织形式的政策研究不但可行而且流行起来，教育智库开始出现虚拟化存在。与“没有实体的智库”伴生的还有“没有围墙的智库”，即志同道合的智库组成触角广布的全球性或区域性的网络，就共同关切的教育政策问题群策群力，促进教育政策的新知识和新观点跨国化或跨区域性共享，促成全球性或区域性的教育政策对话。五是由中立客观走向党派利益。美国企业研究把智库从传统的无党派研究机构角色转变为传递政治信仰的媒介，在很大程度上为第三代智库的诞生奠定了基础。[②] 正如威亚尔达（Wiarda）指出智库现在不能只做中立的、无党派的研究，必须采取一个立场，必须提出政策建议作为整体写作部分，智库所说或所写的一切都要适用于塑造党派的优势。

（二）美国教育智库发展演变趋势评价

上述五种演变趋势都包括程度不同的“走偏”危险。

由经验分析转向证据为本的趋势可以说是一种决策上的进步，尤其是对于当下中国教育决策深具启迪意义。我国国内教育研究主流趋势仍然是不重视数据支撑的思辨研究，往往不能拿出确凿的量的或质的证据辅佐决策，进而影响决策质量。然而，实事求是地说，追求证据为本深究起来问题也不少。证据为本的实质就是数据主义，延伸开来就是科技至上和技术统治，而科技至上与人文主义的撕裂给人类带来了灾难深重的两次世界大战，这些都是刚过去不久的人类不能忘却的伤疤。注重决策的科学性，也不能抹杀了教育中人文的价值，教育说到底是培育人性的人道主义工作。以长期追求数字化的证据为本，而不是以人性为本，将使得教育剥离温情脉脉的面纱，成为

① 埃布尔森. 国会的理念：智库和美国外交政策［M］. 李刚，黄松菲，丁炫凯，等译. 南京：南京大学出版社，2017：5.

② 埃布尔森. 国会的理念：智库和美国外交政策［M］. 李刚，黄松菲，丁炫凯，等译. 南京：南京大学出版社，2017：91.

冷冰冰的数字和表格，这样的决策能培养出有人性、有温度的学生吗？

再者说所谓的证据，在不同的思想理论范式下可以有不同的界定内涵，这本是教育科学争鸣和进步的源泉之一，但由于教育中的“证据”不像自然界存在绝对刻度那样，并不存在一个最大公约界定的“元标尺”，因而不同理论派系的智库对同一问题的研究得出的“证据”不同，甚至自相矛盾。以美国私立教育的质量研究为例，2000 年美国的《国家教育进展评估》（National Assessment of Educational Progress，NAEP）的结果显示，私立学校学生所有学科的平均分都高于公立学校的学生。而同期兰德公司对费城学校私有化实验项目的研究发现，私人管理的学校（不管是营利性的还是非营利性的），总体来说，在学业成绩上没有超过普通公立学校。这些研究证据就相互“打架”。真相究竟是什么？决策者相信谁的证据更可靠呢？所以，仅仅追求证据为本还是不够的，“科学论断的证据总是不充分的，我们决定相信什么总要受到道德、社会、政治和宗教价值的重要影响。”① 即使在科学上的争议的结束是可能的，政治却等不到那一天，在共识没有达成、争论尚未结束时，政治就必须做出决策。科学的共识往往是暂时的现象，科学的争论也是一时的休战，它们总是时刻准备被新出现的可信证据推翻。② 显然永恒的和可靠的证据是不可得的，依靠科学本身也不能达成共识。正如谢维和指出的那样，不考虑理论支撑，仅依靠单纯的数据分析是不够的，甚至是危险的。任何具体的证据都不可能直接转换成国家的政策，都必须借助理论的梳理、提升、概括与总结，才能真正成为有效的政策。③

此外，政策研制除了基于所谓的“证据”外，更多的还是涉及利益的博弈和调整，很多时候是“屁股决定脑袋”，政治正确而不是证据确凿往往在政府议程中放置在首位和优先地位。“必须承认政治智慧不同于物质世界的知识，也必须承认社会科学既不能取代政治，也不能解除我们做包含价值选择的责任。”④ 因此，教育政策问题作为一门广维度、宽领域、多因素的软科学，非常复杂和深奥。这也是为什么美国那么多高端智库还是阻止不了朝鲜战争、伊拉克战争等本可以通过协商和谈判解决的争端。这么说并不是要否认高端智库在政策共同体中的地位，事实上，高端智库的影响力还是非常大的。2013 年，茶党领导人吉姆·德明特（Jim DeMint）自愿离开国会，他解

---

① 基切尔. 科学、真理与民主［M］. 胡志强，高懿，译. 上海：上海交通大学出版社，2015：2.

② 马森，魏因加. 专业知识的民主化？探求科学咨询的新模式［M］. 姜江，马晓琨，秦兰珺，译. 上海：上海交通大学出版社，2010：83.

③ 谢维和. 谈《教育研究》杂志的智库功能［J］. 教育研究，2015（4）：19－21.

④ BROOKS D. Thanks for nothing［N］. National review，1991－02－25.

释说他的新的管理智库的工作将给他带来更多的权力进而影响立法，甚至比他作为国会议员时权力还大。① 从思想库到策略库的转变趋势潜在的风险在于，教育智库要为当下急迫的教育问题决策提供“精准处方”，以满足政府应对危机的需求。事实上这种精准处方，很多情况下只能是一种极端特例或者理想。著名政策专家托马斯·戴伊早就指出政策领域并不存在解决一切社会难题的“银色子弹”，公共政策通常没有扭转乾坤的能量，它能初步改善问题或者在改善问题的同时不制造其他问题就已经是很不错的政策了。同时这种精准处方的需求，会鼓励智库偏离思想工厂的定位，而是徒费心机地寻求解决教育难题的“灵丹妙药”。比如，为了促进学校办出特色，就鼓励特许学校的发展，结果特许学校的发展却背离了其初衷，成为圈钱的教育机器。同时这些特许学校因其校园纪律和环境较好，成为白人学生竞相入学的对象，结果人满为患，急需扩容师资，但优秀的、敬业的教师在美国各州流失率很高，白人学生的大量涌入，西班牙裔等少数民族学生在特许学校里被边缘化，影响了社会阶层的同一性。上述教育政策实施都引发了新的问题。这些都是欠周密思考而希求“一招制敌”的失败范例，值得中国新型教育智库警惕。

从思想库到行动库的转变趋势可能的风险在于教育智库可能沦落为安德鲁·里奇所说的“行销圆滑的机器”，即为了提高话语权和影响力，智库可能把原来集中于思想创新的经费挪用到推销方面，加大了推销智库观点的同时，却弱化了思想的生产和创新，长此以往就会造成理论的贫困，这时候的智库和擅长游说的利益集团就没有本质区别了。埃布尔森对此如是批评：美国智库行事乖张，不再是新知识的生产者，而是要把自己的主张强加给国家接受。② 韦尔纳（Welner）认为美国倡议型思想库（不做学术研究，只是包装和传销观点）已经成功地影响了美国教育政策的议程，美国教育领域的去监管、自由市场、反对教师工会和择校等没有坚实证据基础的教育市场化运动成为美国教育政策研制的主流思想和“铁定的解决方案”。在各州倡导私有化和学校选择政策的营销型智库都非常活跃，突出的如教育改革民主党、教育界、进步政策研究所、新学校领导者、知识就是力量计划、绿点特许网

---

① BRUCKNER T. Think tank or fake tank? Seven common misperceptions about think tanks [N]. Open democracy, 2017 - 05 - 19.

② ABELSON D E. It seemed like a good idea at the time: reflections on the evolution of American think tanks [J]. Canadian review of American studies, 2016 (1): 139 - 157.

络、为美国而教、新教师计划、为孩子奋斗、新学校创业基金、哈莱姆儿童区等。这些营销型智库不仅成功地把其代表的利益集团的主张施加给所在州的学校政策，还有些正在谋求全国性的政策议程。① 特朗普当选美国总统后更是迎合了这种思潮，美国教育开始抛弃所谓的公平而转向追求“效率”的极端。新型教育智库建设要对此吸取足够的教训。

由于信息技术的发展促进了智库的虚拟化和网络的普遍化，使得政府隐藏相关决策信息的难度增大，透明度提高，每个公民都有可能进入智库中来，塑造决策圈的“百花齐放，百家争鸣”的环境，固然有利于提高决策的民主性，但不见得可以同时提高决策的科学性。事实可能恰恰相反，无序的引导和“群体狂欢”，会导致极端的、盲从的甚至反智的民粹主义的兴起，造成决策的低效和失败。正如克鲁格曼警告的那样，无知成了力量，美国新任教育部长贝特西·达沃斯（Betsy DeVos）在国会听证会上的表现，充分证明她连基本的教育问题都不懂。正是这样毫无教育专业知识的人却赢得了民众的信任，这充分说明民粹主义对专业知识的鄙视，充分证明智库的虚拟化和网络化已经走向了自己的反面。因此特色新型教育智库在追求扩大教育民主化的目标时，一定要吸取驾驭和引导舆论的经验，坚持有序扩大民主参与的原则。

美国两党轮流执政直接撕下了智库客观性和独立性的虚伪外衣。智库虽然摆脱了学术界的迂腐，但最后还是坠入党派政治的彀中。例如，琳达·哈蒙德（Linda Darling-Hammond），斯坦福大学教授，曾任奥巴马政府过渡团队教育政策主管，是未来教育部长的不二人选，主要从事教师预选和培训的研究，由于不肯向奥巴马代表的民主党所倡导的市场化取向的教育改革屈服，认为市场化改革无助于教师队伍的专业发展，并出版了《教师专业化重要吗?》一书，被民主党视为竞选麻烦，弃之不用。琳达·哈蒙德来自于学界，而非智库专家。如果她是智库专家，还能坚持己见吗? 在维达看来，严肃的、非党派型学者不适合就职于智库。美国智库暗含的党派性和对客观性、独立性的妥协，应该为中国新型教育智库所借鉴，新型教育智库应该自觉坚持党的领导，客观、独立地进行研究，坚持“研究无禁区，发表有纪律”的原则，致力于谋取教育公共利益最大化。

① WELNER K G. Free - market think tanks and the marketing of education policy [J]. Dissent, 2011 (58): 39 - 43.

二、关于智库的文献综述

10 年前，美国及西方国家关于智库研究的文献非常少。作为智库的机构甚至在外交政策、比较政治或美国治理等专业教科书中几乎都没被提到过。[①] 近 10 年来，智库却成为学界热衷的研究话题。西方国家关于智库的研究遵循如下几条路径：一是从历史角度观察智库发展过程，分析思想库兴起的政治背景等；二是以思想的形成和输出过程分析智库中专家的作用及他们为向政府输送政策思想而做出的努力；三是选择某个政策领域，分析智库与政府、媒体的关系；四是智库的行为与影响力评价研究；五是智库的国际比较研究。[②] 从文献检索来看，当下国内关于新型教育智库的研究路径的探寻才刚刚起步，还没有形成上述清晰的路径或派别。本文择取的是综合性研究路径，其主要考虑到阐释清楚什么是新型教育智库，它有什么基本职能，如何治理新型教育智库以及如何评估新型教育智库等一系列亟待解答的重大的理论与实践问题，使政府官员、学术界同仁、非营利组织及媒体等决策共同体对新型教育智库有一个大概、简明而又清晰的了解，更深刻地体察到新型教育智库作为一种决策的关键资源，其作用的充分发挥必将大力提升全面深化教育改革的系统性、整体性、协同性，加快推进国家教育治理体系和治理能力的现代化进程。

笔者以“智库”为关键词在中国知网检索文献，得出如图 2－1 所示的研究趋势图。从该图中可以发现，2007 年只有 46 篇相关文献，2017 年暴增至 2 395 篇，增加了 51 倍多，体现出积极响应党的号召的发展趋势。因为党的十七大报告强调指出，繁荣发展哲学社会科学，推进学科体系、学术观点、科研方法的创新，鼓励哲学社会科学界为党和人民事业发挥思想库作用。笔者对上述文献进行梳理，发现大多数智库文献主要研究和借鉴国外智库的若干特点和经验。笔者决定结合国外文献的整理，并从上述文献中择取具代表性的论文来综合剖析智库研究的进展情况。

---

① WIARDA H J. Think tanks and foreign policy in a globalized world：new ideas，new “tanks”，new directions [J]. International journal，2015，70（4）：517－525.

② 朱旭峰.“思想库”研究：西方研究综述 [J]. 国外社会科学，2007（1）：60－69.

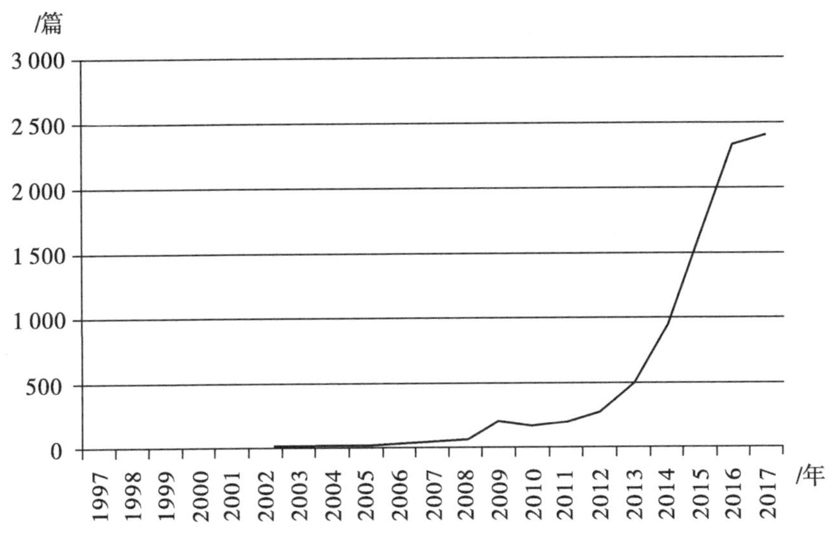

图2－1 1997—2017年的智库研究趋势

智库研究专家、华威大学的戴安娜·斯通（Stone）认为“智库”已经成为一个被泛滥使用而又缺乏明确定义的词汇，人们对其角色与功能并没有一致的看法。[①] 在众说纷纭之中，对智库的定义研究最具代表性的当属著名智库研究专家麦甘恩。他认为智库可分为三大派别。第一派别是极简主义派。比如经典派的马修·古德曼认为智库就是思想工厂，是对具体问题进行研究，鼓励人们发现解决问题的办法，并促进科学家和知识分子在追求这些目标的过程中彼此互动的组织。[②] 斯通把智库看作是相对独立于政府、政党和压力集团，从事当下政策议题研究和分析的机构。[③] 西蒙·詹姆斯（James）认为智库是从事于力图影响公共政策的多学科研究的独立组织。[④] 托马斯·梅德维茨（Thomas Medvetz）认为智库是一个新兴的混合型的跨界领域，它连接和跨越学术界、媒体界、政界及商界等不同领域。[⑤] 薛澜、朱

① STONE D. Recycling bins，garbage cans or think tanks? Three myths regarding policy analysis institutes［J］. Public administration，2010，85（2）：259－278.

② GOODMAN J C. What is a think?［EB/OL］. http：//www. ncpa. org/pub/special/20051220－sp. html.

③ 科尔纳. 智库的概念界定和评价排名［M］//唐磊. 当代智库的知识生产. 北京：中国社会科学出版社，2015：170.

④ 薛澜，朱旭峰. 中国思想库的社会职能：以政策过程为中心的改革之路［J］. 管理世界，2009（4）：55－65，82，188.

⑤ MEDVETZ T. Hybrid intellectuals：think tanks and public policy experts in the United States［D］. Berkeley：University of California，2006.

旭峰把智库界定为相对稳定且独立运作的政策研究和咨询机构。[①] 这类定义的特点是广义，把智库反看作是思想工厂，扩大了智库的外延，把非政府性或政府性的、非营利性及营利性的政策研究机构等都包含进来，从而忽略了其他潜在的特点。

第二派别是狭隘主义。即努力给出一个更精确、不那么宽泛的定义。其内涵包括了智库其他可能更多的特点。比如迪克逊（Dickson）提出智库是一种稳定的相对独立的政策研究机构，其研究人员运用科学的研究方法对广泛的政策问题进行跨学科的研究，在与政府、企业及大众密切相关的政策问题上提出咨询。联合国开发计划署（The United Nations Development Programme，UNDP）对智库的定义是常态下从事相关公共政策的研究和宣传的组织，是知识和权力之间的桥梁。里奇（Rich）把智库定义为独立的、无利益诉求的非营利性组织，其产品是专业知识和思想，也主要依靠这些来获取支持并影响政策制定过程。[②] 韦弗（Weaver）对智库的定义是非政府、非营利性的研究机构，并且相对于政府以及诸如企业、利益集团和政党等社会利益团体来说，具有组织自治的特点。[③] 波伊茨（Pautz）认为不应该多关注智库组织形式，而应聚焦其职能。她认为智库是非政府性的机构，在智力、机构和财务上，具有相对于政府、政党以及有组织利益集团的自治性，组建智库是以影响政策为目的。[④] 上述定义都把智库的职能、组织形式等具体化了，也狭隘化了，突出了智库影响政策的目的性，但窄化了与公共政策非直接相关的一些职能，比如信息传播等。在组织形式上也排除了政府性的、营利性的政策研究机构。尤其是后者排除了营利性的政策研究机构，显然与当代新公共管理的改革大潮相背离，新公共管理倡导的就是在政府内部引入竞争，运用私营企业高效的管理经验指导政府制度改革，使政府提升效率和回应性。故此，很多企业的研发部门纷纷为政府改革出谋划策，献计建言。因为这些高效率企业在高科技研发中处于领头羊的位置，比政府更能了解产业的结构变迁，故而能为政府的产业政策方案提供更好的咨政建言。如果排除了这类营利性的政策研究机构，智库的内涵必然窄化，无法反映智库发展的多样态。

---

① 薛澜，朱旭峰．“中国思想库”：涵义、分类与研究展望［J］．科学学研究，2006（3）：321－327.

② 里奇．智库、公共政策和专家治策的政治学［M］．潘羽辉，等译．上海：上海社会科学院出版社，2010：6.

③ WEAVER R K. The changing world of think tanks［J］. Political science & Politics，1989，22（3）：563－578.

④ PAUTZ H. Revisiting the think-tank phenomenon［J］. Public policy and administration，2011（4）：419－435.

第三派别是类型学派。这一学派认为在不同时代，经典的、实证的及后现代主义的不同价值取向，对智库内涵的界定和理解很不相同，在此问题上提出一个公认的定义很困难。比如在早期发展阶段，智库主要提供客观无偏的政策建议。二战之后一段时间智库的主要特点是同政府签约，在财务上与政府有着紧密联系，其研究议程受到政府或者合同不同程度的制约，不完全具有独立性。到了20世纪70年代时，智库开始政治化和意识形态化，智库从“有用性”向“可见性”转变，深度卷入公共事务，半隐蔽地参加了“意见的战争”。到了80年代倡导型智库大量涌现，开始“背离”客观立场，毫不掩饰地宣称自己的党派性和意识形态，主要任务是对已有的研究进行包装销售，缺乏实质研究和原始创新，虽然弱化了学术研究，但决策者变得更容易接受。进入21世纪，智库的意识形态偏向持续发展，越来越多地充当潜在政府官员的“储存库”，日益成为政策共同体之间达成共识的工具。随着理念市场竞争的加剧，智库面临更多的保持信誉和独立的压力，但赋予智库一定程度的学术中立和相对的研究自由仍是可以实现的。随着全球化和信息技术的高速发展，政策网络和虚拟智库开始大量涌现，智库积极地置身于为全球公共产品的“外部效应”提供政策选择方案。尽管不存在一个绝对的智库概念，但第三派别还是希望在承认差别的基础上逐渐扩大可通约性，最终能够生产出一个尽可能简洁并尽可能被广泛接受的“智库”概念。[①] 德罗尔（Dror）、盖尔纳（Gellner）、麦甘恩和萨巴蒂尼（Sabatini）等就属于第三派别，尤其麦甘恩和萨巴蒂尼综合了上述两派的观点并给出智库的定义，智库就是公共政策的研究、分析和参与机构，它面向政策决策进行研究和分析，并且针对国内外议题提出建议，使决策者在信息充分的情况下对公共政策问题做出有依据的决策，这些组织高度自主并与利益集团保持距离。在此基础上，他们又深入剖析智库的6个显著作用：进行重大政策问题与解决方案的研究，对需要马上解决的政策问题提出建议，评估政府项目，向媒体阐释政策和时事，扮演“议题网络”和思想交流的促进者，为政府充当人力资源库。[②] 国内智库研究的知名专家李刚教授对智库的界定也比较接近第三派别。他认为，所谓的智库就是专门从事战略研究和咨询、政策研究和咨询的非营利性机构。战略研究（国际关系），主要是对外；政策研究，就是内政研究。这里的研究主要指基本理论研究和应用研究。他进一步解释，智

---

① 麦甘恩，威登，拉弗蒂. 智库的力量：公共政策研究机构如何促进社会发展［M］. 王晓毅，张倩，李艳波，等译. 北京：社会科学文献出版社，2016：12.

② 麦甘恩，萨巴蒂尼. 全球智库：政策网络与治理［M］. 韩雪，王小文，译. 上海：上海交通大学出版社，2015：20－21.

库的产品主要分为两类，即知识产品（如报告、论文、内参等）和知识服务类产品（主要是活动类产品，如咨询会、论坛或调研等）。智库是非营利性机构，它和营利性咨询公司不同。政府也可能会面向营利性咨询公司购买公共服务，但咨询公司的这类活动并不属于智库行为。这个界定简明扼要地抓住了智库作为“思想工厂”的内涵。

笔者认为，尽管智库的概念众说纷纭，莫衷一是，甚至相互界定之间还可能存在一些抵牾，但从其演变的历史轨迹和当代的新公共管理思潮来看，仍然可以给其一个最大公约的内涵界定。综上所述，笔者认为，所谓的智库就是相对稳定的从事公共政策研究并以研究为基础进行公共政策建言、咨询、交流、推广的组织，是决策共同体的关键资源，是思想市场的引领者，是全球公共政策网络中的骨干力量。这个界定保留了智库作为政府“参谋”这一本质属性，排除了独立性或非独立性以及营利性或非营利性这种非此即彼的、割裂的、二分法的、非本质属性。这里所说的组织的外延也得到拓展，即既包括实体的组织，也包括新兴的半实体组织或半虚拟组织以及虚拟组织（网络组织）。这个界定强调了思想的创新、交流、推广的重要性，同时强调了智库作为政策共同体的“关键资源”的重要性——其他参与决策的团体或个人缺乏智库的缜密、实用、影响力大的产品。这种强调为当下各地政府进行有证据的决策而必须重视智库建设提供参考。在美国其他团体正在追赶，正如埃布尔森指出的那样，当前美国众多利益集团和非政府组织开始花费更多的时间和资源进行政策研究，并向决策者提供更多的政策建议。①因此智库要把自身塑造成思想市场的赢家——引领者，而非仅仅是平庸的政策供应商。这指明了智库治理的目标。而成为全球公共政策网络中的骨干力量则是新时代赋予智库的新使命，跨越社会、政府和地域的界限，使得国家、国际组织和民间社团通过全球政策网络运用多种资源一起合作规避分歧、达成共识、传播知识等，解决原本任何单一组织不能独立解决的复杂问题。智库应该成为全球公共政策网络中的骨干力量或者领头羊。总之，智库既不是政党，也不是利益集团。因此它既不拉选票，也不去影响选举。它只是与不同的目标受众分享自己的政策观点。②

---

① 埃布尔森. 国会的理念：智库和美国外交政策［M］. 李刚，黄松菲，丁炫凯，等译. 南京：南京大学出版社，2017：序6.

② 埃布尔森. 国会的理念：智库和美国外交政策［M］. 李刚，黄松菲，丁炫凯，等译. 南京：南京大学出版社，2017：11.

三、关于新型教育智库的文献综述

教育界如何认识智库呢？萨维奇（Savage）通过对有关文献的检索发现到目前来说智库的研究是不足的，即使在教育政策学科领域，对智库的研究几乎没有人做。① 笔者以“新型教育智库”为关键词，在中国知网检索文献，得出如图 2－2 所示的研究趋势图。从中可以发现一个值得深思的现象，那就是自 2013 年前不足 1 篇，2015 年激增到 17 篇，2016 年降到了 13 篇，2017 又回升到 22 篇。2015 年开始激增的主要原因是 2015 年 1 月中共中央办公厅、国务院办公厅印发了《关于加强中国特色新型智库建设的意见》，并要求各地区各部门结合实际认真贯彻执行。尽管建设新型教育智库的口号喊得很响，终究是雷声大雨点小。特别是与“智库”研究的文献相比，目前关于“新型教育智库”的研究论文可谓少得可怜。2015 年后没有出现相关研究论文数量的增加，至少一方面反映了教育界对新型教育智库的热情没有真正燃起，动力缺失；另一方面也深刻反映出全国 2 000 多所教科研机构对需要以跨学科、多领域、广层次为主要特色的智库研究的基本能力不足的现实。这说明更需要迫切研究新型教育智库的治理机制，要不折不扣地完成党和国家的重大战略部署，完成教育决策的科学化、民主化，促进国家教育治理能力现代化和培育国家软实力的重任。

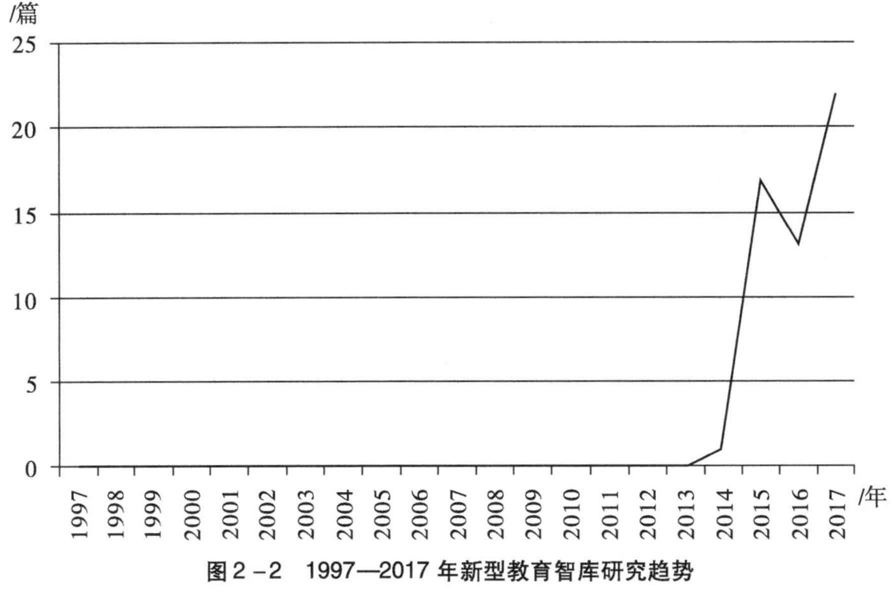

图 2－2 1997—2017 年新型教育智库研究趋势

---

① SAVAGE G C. Think tanks, education and elite policy actors [J]. The Australian educational researcher, 2016, 43 (1): 35－53.

新型教育智库是特色新型教育智库的简称，这是一个具有中国风格、中国特色的学术话语。这个概念的提出标志着中国新型教育智库正式登上历史舞台，并在世界教育思想市场中发出中国的声音和倡议，在全球教育治理体系中扮演重要的角色。这个概念归属于特色新型智库的理论体系。胡鞍钢对特色新型智库的内涵有精辟的分析。他认为所谓特色新型智库就是特、专、新、优。所谓特，一方面要和国际上的一流智库对标，后发追赶，弯道超车；另一方面要具有中国社会主义的特色，要实现知识为民、知识报国，专指专业化、职业化，要为同行所认同，要独树一帜。新指创新理念、组织方式。优就是拿出质量高、效果好的思想产品。总之一句话，特色新型教育智库就是要服务国家和人民，世界一流的专业化与职业化，为中国提供思想，为人类提供智慧，做出重大（知识）贡献。① 也有学者指出，特色新型智库的特是指必须坚持党的领导，把握正确方向。特色新型智库的新是指相对于传统智库而言，实现智库建设的转型升级。② 李国强认为，特色新型教育智库必须维护中国特色社会主义制度，以服务决策为导向，求真务实，官方智库贴近决策层，成为决策的重要依托，引导各类智库有序发展。③ 中国国际经济交流中心“加强中国特色新型智库建设研究”课题组认为，特色新型智库的“特”的内涵是采用中国视角，聚焦中国发展，形成中国模式。新的含义在于新定位，新机制和新模式。④ 朱旭峰认为由于目前对中国特色新型教育智库内涵探索刚起步，不要形成对西方智库的路径依赖，也不能在强调中国特色时忽略了应有的国际视野，使得中国特色不能被国际接受。⑤

笔者认为，中国特色新型教育智库的“特色”在于不同西方智库的所谓价值中立的立场，而是旗帜鲜明地提出坚持党的领导，解放思想、实事求是、与时俱进地进行调查研究，确保教育政策的方案本身以及方案研制的过程都符合民主规范和正义、公平、公正的价值观，追求教育公共利益的最大化。中国特色新型教育智库的“新型”就在于与传统教育智库的区别，它不是传统教育智库在规模上的增长和简单的复兴，而在于质量的提高和结构的优化，在于一系列新体制、新机制、新模式的塑造和定型。综上所述，特色

---

① 胡鞍钢. 建设中国特色新型智库 [J]. 清华大学教育研究，2013，34（5）：1-4.

② 刘德海. 中国特色新型智库协调发展研究：兼论江苏新型智库体系建构 [J]. 南京社会科学，2014（12）：1-7，14.

③ 李国强. 对“加强中国特色新型智库建设”的认识和探索 [J]. 中国行政管理，2014（5）：16-19.

④ 中国国际经济交流中心“加强中国特色新型智库建设研究”课题组. 中国特色新型智库构建：现状、问题及对策 [J]. 全球化，2015（2）：107-119，133.

⑤ 朱旭峰. 构建中国特色新型智库研究的理论框架 [J]. 中国行政管理，2014（5）：29-33.

新型教育智库的内涵可以简要归纳为既要学习和借鉴世界智库发展的一般规律，又要具有中国特色和超出西方智库的新意，即坚持为党和政府的教育决策服务，在价值取向上始终维护国家和人民利益，探索运营新体制、新机制、新模式，发挥贴近决策层的优势，充分激发各类智库的活力，群策群力，形成中国模式和发出中国倡议，让世界政策市场聆听和接受中国教育的声音。当代中国正经历着我国历史上最为广泛而深刻的社会变革，也正在进行着人类历史上最为宏大而独特的实践创新。中国特色新型教育智库治理机制的健全面临难得的机遇窗口。

四、关于治理的研究综述

在中国知网以“教育智库治理”和“新型教育智库治理”分别为关键词检索自 1997 年以来的文献，结果均为零。这种情况下，笔者先从探析治理这个概念着手，力图归纳出新型教育智库治理机制的内涵。

治理一词可以追溯到古希腊语中的“steering”，具有“掌舵、操纵、指导”的意思。1961 年的《韦氏第三版新国际英语大辞典》把治理定义为“统治的行为或过程、统治制度”。这说明此概念长期以来主要被用于与“国家公务”相关的宪法或法律的执行问题。自世界银行 1989 年首次使用“治理危机”后，“治理”一词便迅速在全球传播开来并在传播中获得更广泛的含义。法国学者利维福尔（Levi-Faur）对治理的界定受到较多的关注。他认为治理指的是事情，它可以是流行语，也可以是一个平台、一个框架、一个连接性概念、一个伞状式概念、一个描述性概念、一个空的语意含糊的词汇，还可以是一种趋向、一种理论和一种观点等。[①] 学术界研究治理的内涵也分为两种取向，一种是本质主义取向（approach），通过经验实证的方法获取描述某种具体社会现象的要素，目的是追求治理的共同性。另外一种是比较历史取向，研究人们出现在社会政治情境中的行为模式，旨在追求治理的差异性，比如研究公共权力的运用、研究公共政策的制定以及公共服务如何惠及人民等。

近 60 多年来国际上关于治理的内涵变迁主要经历了三个阶段：一是 20 世纪 50 年代至 70 年代的战后福利国家阶段。其突出特点是高度的政府管制、集权化的规划、自上而下的执行等，这一阶段突出了统治（government）

---

① LEVI－FAUR D. The oxford handbook of governance [M]. New York: Oxford University Press, 2012: 3.

的作用，忽视其他社会主体的治理（governance）责任。二是20世纪80年代至90年代的新自由主义的新公共管理阶段。其主要是对战后福利国家政府失灵的反思，尤其是石油危机和财政危机加剧了对政府改革的推动，强调市场的作用，解除管制，鼓励公共部门引入私人企业的经营和管理技术，企图通过竞争塑造政府新形态以提高效率。众所周知的新公共管理被英国的撒切尔政府和美国的里根政府首次引进，然后波及澳大利亚和新西兰。新公共管理旨在运用一些新的来自私立部门的管理技术以改进公共部门的管理能力，其往往侧重于管理的方面，却损害了政治的方面。三是20世纪90年代以后的治理网络（network）阶段。这一阶段也是对前述新公共管理和市场失灵的反思。过于强调市场的作用和私营化使得政府权力碎片化，公共服务也没有了统一的高质量的标准，合同外包引发了新的腐败，使得出价低的拍卖中标行为增多，造成所谓的国家空心化，政府部门之间以及与人民之间的不信任加剧，尤其是公共伦理和公共精神丧失（loss of public spirit）。面对这种低效，政府祭出了公共治理的大旗。既然放出的权力难以收回到高度集权的水平（不能完全统治），那就适当退却一步，把相关社会治理主体纳入统治之列。此时广义的治理网络概念作为一种新的治理范式就在20世纪90年代后期开始引人注目。英国学者罗兹（Rhodes）提出，所谓治理网络是指以相互依赖、资源交换、遵守规则和高度自主权为特征的自我组织和组织之间的网络。① 罗马尼亚的学者克里斯蒂娜·桑杜（Sandu）也认为治理的概念出现主要是用来诊断政府不能回应提交给它的问题和不能适应社会的、经济的、政治组织的新的形式。克里斯蒂娜·桑杜引述勒格尔（Le-Gale）的研究界定治理，即治理可以被看作是一个协调行动者、社会集团和机构的过程，经过共同讨论而达成明确的目标。这个概念包括机构、网络、指令、条例、规范、政治和社会规章，以及对社会和政权稳定做出贡献的公共和私立部门的行动者。为实现这个目标，需要他们提供服务和合法性。传统的统治是把权力作为工具使用，依赖命令和控制网络，而治理的网络则是“围绕政治和/或政治纲领形成的独立行动者之间社会关系的稳定模式”。治理比统治有更广泛的意义，因为治理涉及指导和游戏规则，侧重机构及其变迁。因此，治理指公民和政要一起行动的框架，在其中政治决议被执行，认同模式和社会制度得以表达。总之，治理的概念与公共行动和公共管理的概念密切相关。在公共管理理论看来，治理问题仅限对市场缺陷进行共同行动的协调

---

① RHODES R A W. Understanding governance: policy network, governance, reflexivity and accountability [M]. Buchingham Philadelphia: Open University Press, 1997: 15.

以提高效率。相信市场解决方案的人认为，统治必须在这一范畴中发挥最小的作用。因此市场必须由网络来代替，以提供服务。“游戏、共同行动、相互调适、网络创新”是公共管理者的新技能。[①] 治理概念已经成为网络管理的同义词。国内学者认为统治（government）和治理（governance）的区别主要在于，统治的主体是政府，而治理的主体不一定是政府，是多元的。但他们没有看到二者之间的联系，那就是治理是统治的与时俱进的版本，其目的并不是减少统治，在治理中统治仍然是唯一可以单方面施加意志的主导行为者。也并不是要减少公共部门的作用，实际上，“在公共和私立部门之间的汇报交流以及发生新的互动模式之后，开始出现公共/私人伙伴关系的新方法和分担责任相关的新观念”。仍然需要恢复在新公共管理理念指导下被私有化的公共部门，以发挥其“主导作用”，必须明确“治理比统治更广泛，但它不会出现没有统治”。[②]

在张康之教授看来，目前正进入一个新的全球化的后工业社会。以前工业社会形成的社会治理模式将不再适用，呼唤一种共生共在的合作治理。新的治理强调行动的原则而非规则的至上性。[③] 治理的重点在于设立行为者更有效地合作和执行的规则。国家和非国家行为者越来越多地参与治理。

治理的内涵因此不断得以充实和拓展，学术界一般认为治理的内涵要包括以下几个方面：一是规范（norm），治理网络是第三条道路，其建基于信任、合作、谈判和可持续及灵活性之上；二是行动者（actors），行动者可以是公立、私立或公私立合作的组织，都必须有相互依赖的高度自主权；三是关系（relationships），相互关系是水平的而非垂直的，合作的而非竞争的，正和博弈而非零和博弈的；四是互动（interaction），行动者之间通过资源交换的形式采取行动；五是框架（framework），所有的互动都必须限制在遵守规则和监管的框架内进行；六是过程和结果（process and outcome），过程和结果不完全是可以预测和控制的，它们都是在复杂的范围内发挥作用的。

当下国内对教育治理的研究正是热点，相关文献也很多，深入研究这个问题的专家主要有潘懋元、孙绵涛、褚宏启等。潘懋元认为教育管理与教育治理不同，教育管理是自上而下的权力；教育治理不是自上而下的管理，而

---

① RHODES R A W. The new governance: governing without government [J]. Political studies, 2006, 44 (4): 652-667.

② SANDU C. Theory of governance and social enterprise [J]. Usv annals of economics and public administration, 2014, 14 (2): 204-222.

③ 张康之. 论开放社会中的社会治理 [J]. 四川师范大学学报（社会科学版），2016 (1): 5-13.

是多种利益相关者的权利之间相互协调和制约。前者是权力，后者是权利。[①]孙绵涛认为治理是根据一定的规则和程序对存在冲突或竞争的相关各方进行调解的一种过程。这种调解不是外部强加，而参与调解的各方之间的互动完成的。他强调这种调解不以任何一方为权威，而是相关方平等地、合作式地处理教育事务。[②] 褚宏启认为教育治理是指国家机关、社会组织、利益群体和公民个体，通过一定的制度安排进行合作互动，共同管理教育事务的过程。[③] 如上分析，西方治理概念的提出是对公共管理失灵和市场失灵的纠偏，强调协调以提高效率。三位专家都敏锐地捕捉到这个关键点，深化了国内教育学界对教育治理本质的理解；但也存在偏颇之处，比如对于治理中政府作用的轻视。其实在西方的治理概念中，治理并不意味着政府"统治"的减少，其意味着它是政府统治的与时俱进的发展形态，意味着政府不再仅仅是依赖命令和控制网络的传统统治形式，而是利用包括公民在内的各相关利益主体的协作达成善治目标。因此，政府的作用不是弱化或退出，政府仍然是"唯一可以单方面施加意志的主导行为者"。[④] 从欧盟对善治的定义中也可以找到证据：所谓善治就是指影响权力运作方式的规则、程序和态度，特别指开放、参与、问责、有效性和一致性等方面。由此来看，教育治理的界定显然不能排除政府权力的运作方式，也不能排除微观层面上的治理主体之间的互动。在朱孔来、刘学璞、朱孟斐等看来，治理理论的提出就是为了防止"政府权力的不当使用（而不是排除政府权力）和弥补市场失灵。治理强调管理方式和管理主体的多样性，是一种政府、社会、市场等多方参与管理的新兴社会管理方式。"[⑤] 朱亚鹏归纳了治理网络的三个派别：美国学者主要强调微观层面上的人际互动，而不是关注机构之间的关系。英国学者强调利益集团和政府部门之间的协调，关注机构之间的关系。德国和荷兰学者关注分析国家和社会之间的关系，是强调政府与市场之间的关系模式。[⑥] 这种对世界范围内的治理研究范式的概览，有助于开拓研究视野。

---

① 潘懋元．高等教育治理体系与治理能力现代化的解读与思考［J］．现代教育论丛，2015(6)：2－4.

② 孙绵涛．现代教育治理体系的概念、要素及结构探析［J］．教育研究与实验，2015（6）：52－56.

③ 褚宏启．教育治理：以共治求善治［J］．教育研究，2014（10）：4－11.

④ SANDU C. Theory of governance and social enterprise［J］. Usv annals of economics and public administration，2014，14（2）：204－222.

⑤ 朱孔来，刘学璞，朱孟斐．科技社团参与国家治理体系研究［M］．济南：济南出版社，2016：7.

⑥ 朱亚鹏．公共政策过程研究：理论与实践［M］．北京：中央编译出版社，2013：58－59.

在人们的印象中，统治是政府的工作。其实在过去政府统治时代，仍有很多非政府参与者弥补了政府统治能力不足的缺陷。随着全球化的进程，非政府参与者的作用越发凸显，统治这一概念走向了治理，体现出一种历史转变，治理不仅是政府实现的，还包括非政府行为体在内的协商过程。“在‘治理’作为一个分析性概念被创造出来之前，政治学者们就已经认识到了治理的主要要素——政府内外的行为体、作用和责任界限的模糊与相互依存，以及相对而言命令的不重要。”① 在20世纪后半叶的英语语系社会中，虽然非官僚活动在治理中的地位被承认，但还没形成完整的理论；在一定程度上，这些非官僚活动只被视为政府组织公共辩论过程中的一部分，即“治理”的补充。② 基于这样的理解，全球治理委员会提出，治理既不是规则体系，也不是行动，而是过程；治理建立在调节而非支配的基础上；治理同时涉及公共和私人行为体；治理不是正式制度，但依赖持续互动。这和斯托克与罗兹等人研究中的用法一致，但其并不去关注官方制度，也没有试图描述一个体系，而是讨论一种治理实践的方式。③

罗兹认为：治理是一种新的管理过程，既可指对已有规则的变更，亦可指社会管理的新方式。具体包括：①组织间相互依赖。治理包括非政府行为体，意味着公共、私人和志愿部门之间的边界变得不确定和模糊。②网络成员间的互动。③博弈式互动植根于信任，受由网络参与者协商并同意的博弈规则所控制。④拥有一定程度的国家自主权。网络对政府没有责任，它们是自发组织的。尽管政府并没有特权地位，但能间接地、不完全地管控网络。④ 科尔巴齐和罗兹对治理的界定还是有一些区别的。科尔巴齐不认同治理是一种新的管理形式（他认为在过去的统治时代，仍有非政府组织参与统治能力不足的领域工作），他承认治理中组织变革确实存在，但他对治理是否独立于政府的自组织机构持有保留态度。欧文·休斯（E. Hughes）对此则持反对态度，他认为治理并不意味着政府权力的完全削弱，而是说仅依靠官僚制已经不适用了，政府事务需要更广泛的行动主体的参与，参与的目的是使得政府更具效率和效益，而不是完全将政府的权力转让给外部的行动主体。政

---

① H.K. 科尔巴齐. 治理的意义［M］//王浦劬，臧雷振. 治理理论与实践：经典议题研究新解. 北京：中央编译出版社，2017：8.

② H.K. 科尔巴齐. 治理的意义［M］//王浦劬，臧雷振. 治理理论与实践：经典议题研究新解. 北京：中央编译出版社，2017：10.

③ H.K. 科尔巴齐. 治理的意义［M］//王浦劬，臧雷振. 治理理论与实践：经典议题研究新解. 北京：中央编译出版社，2017：14.

④ 罗兹. 理解治理：10年之后［M］//王浦劬，臧雷振. 治理理论与实践：经典议题研究新解. 北京：中央编译出版社，2017：20.

府在进行政策决定时并没有把权力让渡给网络。其他组织一直在协助政府完成一些政府想要完成的任务。没有任何证据表明治理的含义就是自组织的网络，也没有证据表明现在需要将该含义看作治理的唯一含义。① 休斯认为网络仅是治理的一种方法，而不能把治理视作网络或者将网络视作治理。他认为应该从治理的字典含义出发，探讨其最初含义，因为字典的含义经历了“几百年来的合理演变”。从治理的字典含义出发，他认为治理就是关于运行着的组织的，关于引导和控制的，即如何组织、如何设定程序，从而使组织保持运转。②

基于上述观点，笔者认为治理的内涵是政府通过改革传统的单一“统治”设计、分权和授权的机制运作与非营利组织等众多公共管理主体（重视发挥公共部门的统治作用）建立谈判与协作的、互动的伙伴关系，在相互依存的协调网络中规范相关治理主体的行为和目标，在分享公共权力时各负其责地管理公共事务，在追求各自目标的过程中实现帕累托最优。因此治理是对政府失灵与市场失灵的纠正，强调了非政府组织、媒体等在公共治理中扮演的重要角色。③

五、新型教育智库治理机制的概念界定

《辞海》对“机制”的定义为：“机”为“事物的枢要、关键”及“事物发展的内部原因”④，“制”是“规定、式样、制度、控制”等意思⑤，“机制”合在一起，机制原意是指有机体的构造、功能及其相互关系。在社会学的视野里，机制指的是强调事物内部各组成部分之间的相互关联及其效应，描述的是事物的运转状态和运转方式。⑥ 由此可见，社会学意义的“机制”与休斯引用的“治理”的定义比较接近，都是关于如何使组织保持运转。只不过“治理”侧重于控制与引导，“机制”则重于关联的过程与方式，但二者的目的都是使组织保持运转，以便更好地发挥作用。据此，新型教育智库的治理机制则可定义为，新型教育智库与政府公共部门、评估机

---

① 奥斯本. 新公共治理？公共治理理论和实践方面的新观点［M］. 包国宪，赵晓军. 等译. 北京：科学出版社，2016：90－92.

② 奥斯本. 新公共治理？公共治理理论和实践方面的新观点［M］. 包国宪，赵晓军，等译. 北京：科学出版社，2016：80.

③ 李清刚. 民办教育公共治理的缺失与重建［J］. 教育理论与实践，2015（11）：16－18.

④ 夏征农，陈至立. 辞海：第六版缩印本［M］. 上海：上海辞书出版社，2000：824.

⑤ 夏征农，陈至立. 辞海：第六版缩印本［M］. 上海：上海辞书出版社，2000：2 454.

⑥ 徐君. 美国的社区调解机制及其建构［J］. 中国行政管理，2013（10）：101－105.

构、媒体等主体通过谈判与协作建立互动的合作分工及网络关系，一起分享公共权力，追求公共政策善治的过程。该内涵有以下几个特点：一是政府分权和授权。政府的分权和授权才使得各相关主体获得所需要的资源，并对其做出的决策负责，权责对等。二是治理主体多元。强调新型教育智库治理主体不再仅是政府，还包括新型教育智库自身、评估机构、媒体等。政府的主要角色是"掌舵"和"引导"，即负责监管；新型教育智库主要负责思想生产和销售；评估机构主要负责对政策产品的评估；媒体主要负责设置大众议程和传播政策理念。三是主体间互动。任何一个主体都不具备解决一切教育问题的资源和能力，必须相互依赖，相互咨询，在谈判协调中追求帕累托最优。四是形成自治网络。多元化的治理主体形成合力，依靠平等互动的伙伴关系及信息交换，增进社会对教育政策的理解和支持，促进新型教育智库提高研究成果和传播成果的能力，促进教育政策研制过程的透明度。五是治理手段多样。除了行政手段，还有合同契约、绩效管理、竞争手段等，但更注重法律手段的运用等。

总而言之，新型教育智库的治理机制强调政府重新梳理政府层级间的关系，包括政府与思想市场、政府与智库、智库与社会等之间的关系。市场竞争机制与智库行业组织等能够解决好的问题不再纳入政府行政管理领域。政府为此要做"减法"，把那些属于思想市场和社会领域的职能让渡出去（如决策方案、评估等），支持思想市场和社会团体承接这些让渡职能，当然也要提高社会团体的专业水准，否则接不住政府让渡的职能。政府交给思想市场的决策产品等并非放任不管，政府也要做"加法"，通过制度安排（监管机制）、法律规范的供给对新型教育智库治理机制进行协调整合，构建良好的制度环境和智库生态。

从"减法"和"加法"的思路考察和分析新型教育智库的治理机制可以获得两个视角，即内部治理机制的视角和外部治理机制的视角。政府做的那些"减法"，即把决策方案、评估等属于思想市场和社会领域的职能让渡给政策共同体成员承接，这在西方已成惯例。西方智库已有近百年历史，比较成熟，有能力和意愿承接这些分工。但目前中国的教育智库培育则刚起步，"接不住"这些分工还是常态。因此新型教育智库的治理机制建设就不仅仅限于外部治理机制，还必须包括智库主体本身的内部治理机制建设问题。内部治理机制（智库主体有效运作的治理机制）主要研究智库主体如何有效运转，以充分发挥其在政策共同体中应有的作用。外部治理机制（政府制度有效供给的治理机制）主要研究政府制度如何有效供给，使得公共政策的共同体都能按照规则所明确的权力边界、职责边界相互影响、相互作用，在寻求实现各自利益的动态过程中实现帕累托改进。内部治理机制和外部治理机制内在统一于追求创造公共价值，实现教育治理能力和治理体体系现代化的目标。笔者认为内部治理机制主要包括健全法人治理结构（在决策、执行、监督之间建立合理的控制关系，保证自我发展、自我约束）、实行矩阵式组织管理、团队领导者培养制度、智库专家分类管理机制与话语系统的构建机制、绩效考核制度、教育研究成果评价和应用转化机制、资金募集制度等。外部治理机制包括新型教育智库的监管制度，完善重大教育决策意见征集和辩论制度，建立政府购买教育决策咨询服务制度，发挥智库行业的中介作用，健全教育舆论引导机制，健全新型教育智库的经费管理制度、税收审查机制、评估机制等。

这时有个问题开始凸显且不容回避——为什么智库主体有效运作的治理机制和政府制度有效供给的治理机制一定包含上述内容？笔者从观察教育智库治理机制的现象出发，梳理出教育智库存在 12 个治理机制问题，这些机制是扎根于现实的。笔者提出的智库主体有效运作的治理机制和政府制度有效供给的治理机制的内容不仅能够对上述 12 个问题进行破解，而且能够把教育智库推向健康、优质发展的轨道。因为这些内容的提炼是在借鉴了国外高端智库的成熟的经验基础上提炼出来，结合当前教育智库的实际进行了创新性吸收和创造性转化，在扎根研究的基础上生成的具有本土特色的新型教育智库的治理机制理论。当然，新型教育智库内外部治理机制的研究目前仍处于初级阶段，需要一个从黑箱转向灰箱的过程，也是一个开放的过程，随着新的问题涌现，新的机制也要应运而生，其容纳的内容也要不断地进行更新、提炼、整合，形成一个系统化的架构。

通过一系列内外部治理机制的创新和优化，新型教育智库提高其思想产品的独立性和质量，回应政府决策复杂性的要求，也满足媒体、基金会等多元主体的利益和价值诉求。与传统教育智库相比，除了坚守为党和政府决策服务的鲜明特色外，新型教育智库的“新型”特质更加彰显。这也是继民办教育之后我国教育史上一次伟大的教育体制变革，甚至在教育学术界将带来一场波澜壮阔的研究范式转型。

关于新型教育智库治理机制建构是本论文研究的重点，第六章将对此深入透析，在开始进入重点之前，为了行文的方便，在接下来介绍研究设计后，就着手研究新型教育智库治理机制得以运行的逻辑基础。

第三章　研究设计

一、研究目标与研究内容

（一）研究目标

如前分析，当前教育智库存在 12 个严重问题，与新型教育智库建设目标尚有很大距离。研究新型教育智库的治理机制就是适切性地破解上述问题并为之提供参考框架。主要研究目标包括：①研究教育智库在决策中的地位和作用；②研究教育智库的产品和职能；③研究教育智库的内部治理机制；④研究教育智库外部治理机制（含新型教育智库的评估）。前两个为基本理论研究，后两个为实践运作研究，通过理论与实践的统一、历史与逻辑的统一，揭示新型教育智库治理机制健全的过程就是实现提高教育决策的科学化和民主化，提升教育治理能力和教育治理现代化以及增强国家教育软实力的过程。

（二）研究内容

本研究主要包括导论、文献综述与概念界定、新型教育智库的治理机制逻辑基础（新型教育智库的定位、产品、特点、职能与类型等基本理论问题）、三类型案例的治理机制研究［通过择取三种可能不同的实践样态（一所为高层服务的教育智库、一所民间教育智库及一所地方性教育智库）作为代表性智库的个案结合上述理论进行迭代研究，生成研究结论与政策建议等］、新型教育智库外部治理构建、新型教育智库内部治理构建及新型教育智库的评估等。

本研究采用文献研究与质性研究相结合的方法进行，究其原因是文献研究与质性研究结合可以相互质疑求证，提高研究的信度和效度。明晰新型教育智库内外部治理机制的内容只是“知其然”，还未能到达“知其所以然”的境界。研究如若停留在这个地步，那是相当肤浅的。因为对这个内外部治理机制的研究更多的是实践层面的剖析，还没有触及理论层面的追问。进一步深化研究必然包括对新型教育智库的角色定位研究、新型教育智库的产品、职能研究，甚至包括对新型教育智库的评估研究等内容，以此作为新型教育智库治理机制研究的逻辑基础。为什么如此？因为新型教育智库的角色定位是新型教育智库治理机制研究的出发点和归宿，新型教育智库治理机制的出发点和目的都是为了保证新型教育智库的角色定位准确，不越位，不缺位。新型教育智库的角色定位也规定了新型教育智库治理机制的内容和范畴。仅仅研究新型教育智库的角色定位还不能深入描述新型教育智库功能和作用，这就必须进行新型教育智库的产品和职能研究，当然新型教育智库的角色定位决定了新型教育智库的产品和职能，新型教育智库的产品和职能反过来丰富和刻画了新型教育智库的角色定位。新型教育智库的评估研究在新型教育智库外部治理机制中具有特殊的意义，它能发挥以评促建的筛选作用，即扩大优秀智库的知名度，同时淘汰不合格的智库。这样做能够塑造良好的新型教育智库的生态环境，成为新型教育智库的治理机制中不可或缺的重要一环。因而本书把新型教育智库的评估作为单独的一节进行深入研究论述。三个不同类型的个案研究发现起到了进一步深化对新型教育智库治理机制的认识作用。

二、研究方法与技术路线

（一）研究方法

采用的研究方法主要包括文献法和扎根理论方法等。

1. 文献法

文献法，即搜集、分析和提炼与新型教育智库相关的文献资料，从而弄明白这个领域主要存在什么问题，有哪些重要研究进展和取得了什么重要成果，尚存在哪些比较突出的问题等，从而明确自己研究的主攻方向以及整理出来的可以借鉴的相关成果和经验，使得将要开展的研究建基在前人研究的扎实基础上，体现学科知识的增长和进步，而不是重复性、简单的循环研究和不得要领的形式主义研究。

2. 扎根理论方法

(1) 扎根理论方法的定义。

国内质性研究知名专家陈向明指出，扎根理论（Grounded Theory）是由美国学者巴尼·格拉泽（Barney Glaser）和安塞尔姆·施特劳斯（Anselm Strauss）首创的，它不是一种实体理论，而是一种研究方法，是质性研究领域众多的路径之一，包括人种学方法（田野调查）、现象学方法、叙事研究、传记研究等。它与其他范式最大的不同在于从经验材料（empirical data）中生成理论，而不是引用一种理论来解释所要研究的对象就完成了，是需要进行理论对话及往复迭代生成的过程，不仅如此它还要介绍理论生成的方法、步骤和过程，供同行检验。① 扎根理论的研究者要遵循以下准则：①比较思考。对案例进行多次比较，尤其与基于最初观察的解释（或文献梳理）的比较，以尽量避免偏差，获取洞察力。②汲取多种观点。在研究不同案例中获取不同观点（本研究就是采用参与式观察、焦点小组访谈、综述文献等不同研究技术来获取关于新型教育智库治理机制的观点）。③不断反思。随着资料的累积，就要给出解释，依据资料不断地检查和反思解释（对资料多次迭代生成“理论”，不断精确化地逼近新型教育智库治理机制的本质）。④保持怀疑精神。研究者试图解释资料时，应该把所有归纳出来的理论当作暂时的解释。这些解释需要接受新观察到的案例或材料的检验（本研究就是把文献归纳出来的智库基本理论的暂时“解释”不断地与案例类型的拓展得出的智库有关理论的暂时“解释”进行比较、反思和修正）。⑤遵循研究程序。② 具体来说，本文通过采取三个典型的不同类型的教育智库存在的问题和经验，通过确定代码、深描、比较、分类与概念化、理论建构等层层推进的环节分析和归纳其一般特征及发展“原则”，与通过文献法归纳起来的新型教育智库的相关理论进行比较、对照和迭代，相互验证，相互修正（发现文献缺陷并重建和发展理论），不仅基于文献资料，更要在实地收集资料的基础上生成具有中国特色的新型教育智库治理机制的“理论”（或者说“形成更一般的通则式理论的基础”③），为世界教育智库的发展提供中国方案和中国智慧（如图 3-1 所示）。

① 科宾，施特劳斯. 质性研究的基础：形成扎根理论的程序与方法［M］. 朱光明，译. 3 版. 重庆：重庆大学出版社，2015：序.

② 巴比. 社会研究方法［M］. 邱泽奇，译. 13 版. 北京：华夏出版社，2015：300.

③ 巴比. 社会研究方法［M］. 邱泽奇，译. 13 版. 北京：华夏出版社，2015：301.

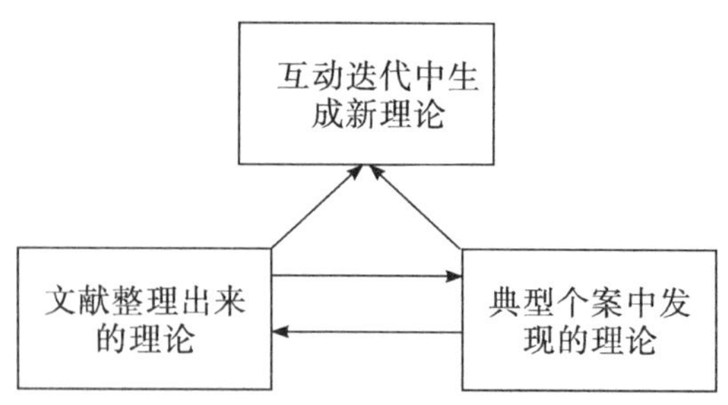

图 3－1　新型教育智库的理论生成示意图

（2）扎根理论研究的效度与信度分析。

在分析扎根理论研究的效度与信度之前，首先要明确质性研究是不是基于实证主义？这个问题是有争议的，国内质性研究知名专家陈向明教授认为量的研究是建立在实证主义基础之上，而质性研究基于另外三种范式：后实证主义、批判理论和建构主义。① 莫妮卡·亨宁克等在其新书《质性研究方法》中提出，质性研究，尤其是扎根理论方法与量的研究一样是基于实证主义的。她认为，“质性数据分析是发现的过程，研究人员立足于数据，对研究问题的理解建立在真凭实据的基础之上。”“研究者在此过程中遵循严格的分析步骤（扎根理论）来准备、分析和诠释数据，因此数据展现的意义均以实证为基础。”那么扎根理论的分析步骤是什么呢？具体包括数据分析非线性；使用逐字转录的抄本；采集和分析联系；归纳推理；比较；反思备忘录；不止于描述，提出解释性框架和理论；通过严谨科学的分析步骤生成新的理论。“没有科学性，数据分析就会缺失过程、技术和严谨性”。因此，在她看来应该有效度和信度的概念存在。这是目前的主流看法。陈向明教授认为质性研究可以存在效度概念，主要通过检核和反思研究日志保障效度，由于质性研究不强调证实事物，也不认为其能够以完全同样的方式重复发生，一般不明确讨论信度问题。② 香港大学教育系程介明教授认为，质性研究通常具有很高的效度，信度却没那么高。质性研究效度高的原因在于研究者作为研究工具对有效资料最为敏感，尤其深度访谈、参与式观察（这种设身处地是洞悉事物本质的有力技巧）等。他认为没有一种研究范式是二者同时都很高的，比如量的研究信度很高，但效度不那么高。因为研究者和研究对象不能面对面交流，研究对象对问卷的问题不一定能够准确理解或者提问的方式本身就不正确。他对如何提高质性研究的信度给出的补救建议就是采用三

① 陈向明. 质的研究方法与社会科学研究［M］. 北京：教育科学出版社，2000：14－15.

② 陈向明. 质的研究方法与社会科学研究［M］. 北京：教育科学出版社，2000：99－100.

角互证法，具体内容如下：①比较用不同方法收集来的资料之间的一致性；②比较用同种方法收集不同来源的资料的一致性；③多个研究者反复查看发现的结果；④在同一文化的不同地点重复同一研究；⑤尝试用不同的观点或理论去解释资料。[①] 本文不对上述这些争议深入探讨，以免陷入“范式的战争”。笔者采取实用主义的态度，相比较之下，倾向于采取程介明教授的观点，比如在对新型教育智库的关键信息提供者的选择上可以访谈智库主要负责人，用相同的问题提问看能否得出大致统一的意见，检查不同智库对同一问题的反应是否一致，进行同种文化下的一致性检验，最后送交国内同行评审。

（二）研究的技术路线

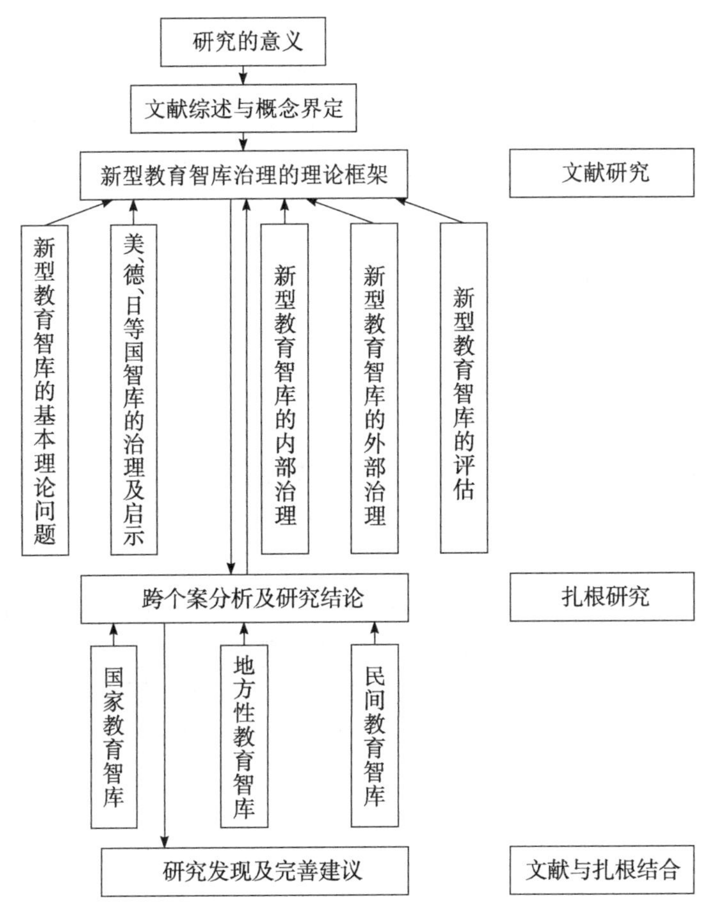

图 3－2　研究的技术路线

① 袁振国．教育政策学［M］．南京：江苏教育出版社，2001：500－501．

三、理论基础

（一）智库理论

智库理论主要有精英理论、多元主义理论、国家理论、领域理论等。精英理论认为智库是整个国家权力的一部分，为统治者服务：智库利用专业知识和与政策研制者的关系推进其赞助者的政治议程。多元主义理论认为智库与利益集团、第三方社会组织等都是政策共同体中的平等成员，都在争取吸引决策者的关注。国家理论认为国家政策的研制应该独立于社会群体和政府的压力，外部势力不应该把他们的政治议程强加给国家，总统及国务院在国家命运问题上具有最终的决定权。[①] 领域理论认为智库跨越政界、商界、媒体界、学术界四界，利用这些跨界资源才可以取得成功。显而易见，上述理论对智库的解释都有一定的解释力，但需要创造性吸收和创新性转化，方能为我所用。

（二）治理理论

治理理论认为，政府不能作为唯一的主体对社会公共事务进行排他性管理，而是同非政府组织、私人机构、媒体、利益集团以及个人等一起参与公共事务管理，它们在一定的规则约束下，以多种形式共同行使主体性权力，目的是弥补政府失灵和市场失灵，促进公共利益最大化。该理论是一种公共管理理论，由于流派众多，内容丰富，在归纳和引用时不能断章取义和望文生义，需要深入理解其内在理论逻辑。治理理论中独树一帜的当属诺贝尔经济学奖获得者奥利弗·威廉姆森（Oliver E. Williamson）代表的新制度经济学理论。该理论认为所谓的制度就是治理机制。[②] 这个理论横跨经济学、法学与组织学的视角，用交易成本、有限理性及机会主义等元素深入剖析了治理机制缓解经济风险的作用。他认为交易成本存在的前提就是有限理性和机会主义。有限理性的人为了自利需要欺骗，这就是机会主义风险。因而交易合同无论多么齐全但总不能完备，这就增加了交易成本。正是交易成本的高低决定了厂家是内部生产还是外部购买或者进行纵向一体化。机会主义的存

---

① 埃布尔森. 智库能发挥作用吗？公共政策研究机构影响力之评估［M］. 扈喜林，译. 2版. 上海：上海社会科学院出版社，2010：49－53.

② 威廉姆森. 治理机制［M］. 石烁，译. 北京：机械工业出版社，2016：3.

在使得交易的诚信难以确立，双方要么无法交易，要么进行兼并，这就催生企业进行协调，建立治理结构，不同的治理结构基于不同的合同法系，用来解决不同利益的协调问题，进而降低交易成本，完成交易（生产或服务）。

四、研究过程

（一）研究准备

由于本研究采用文献研究与质性研究相结合的方法，因此研究过程整体上可分为两个阶段。第一阶段是准备阶段，所谓的准备就是做好前期文献研究，研究者必须要储备一定的相关知识，才能对现场发生的事件有清晰而准确的认知。本文主要从新型教育智库的定位、产品、职能、类型等基本理论问题和新型教育智库治理机制两个方面进行研究。这两者都需要进行充分的文献阅读和梳理，尤其是前面的理论研究是后面深入推进的逻辑基础。笔者于 2015 年 12 月底前初步完成新型教育智库的定位、产品、职能、类型等基本理论问题及新型教育智库治理机制的核心概念界定的文献研究，就计划实施扎根理论研究。

（二）进入研究现场

著名智库研究专家埃布尔森认为要想深入研究智库就必须依赖质性研究。量的研究，比如媒体引用率、公开出版物、证词的数量等只能说明这个智库在政策辩论中比较活跃，不能说明这个智库在具体的政策制定过程中产生什么影响。因此，埃布尔森指出通过细致的案例分析来研究智库的政治参与是极为重要的，这一点无论如何强调也不为过。① 他还指出对智库采取质性研究是极其重要的。可以从档案研究和采访中获取大量信息，并从中详细了解影响公共政策的关键因素。② 此外，个案之类的质性研究还可以深入地描写智库的全幅场景，给研究者提供全方位、多角度的洞察力，使其能够较为深刻地把握智库的发展现状、存在问题以及研制可能的对策。著名的人工智能专家马丁·福特认为在可视的将来，人工智能（Artificial Intelligence，AI）会取代高技能工作，如果人们使用某些软件，或者在这种软件的指导下

① 埃布尔森. 国会的理念：智库和美国外交政策［M］. 李刚，黄松菲，丁炫凯，等译. 南京：南京大学出版社，2017：6.

② 埃布尔森. 国会的理念：智库和美国外交政策［M］. 李刚，黄松菲，丁炫凯，等译. 南京：南京大学出版社，2017：192.

工作，几乎可以肯定，“你正在训练这个软件最终取代你”。① 量的研究等这些规范的、可重复的、涉及数据的“工具”无疑首先被 AI 所取代，而质性研究因其更多地涉及知识而非数据却很难在短期内被 AI 所取代。这也是质性研究在人工智能时代的一个突出优势。

本文的个案研究设计思路是：主要研究目前教育智库在向新型教育智库转型提质的治理过程中存在的问题，并针对问题再借鉴国外高端智库的治理机制经验和运用新型教育智库的基本理论，创新性地提出破解策略，以促进新型教育智库的善治。而当前教育智库的类型主要有事业单位性质的教育科研院所（简称“教科院所”）和民间教育智库等。前者占据主导地位，后者处于补充地位。前者又因其主要服务的政府层级不同，可分为国家级教科院所和地方性教科院所。为了更好地进行深入研究，本文采用典型抽样和分类抽样相结合的方法，即国家级教科院所和民间教育研究机构采取典型抽样，而地方性教科院所采取分类抽样，这样就分别取得一所为高层级政府服务的教育智库 A、一所地方性教育智库 B 及一所民间教育智库 C 为代表性的个案。

三个个案的具体研究进程如下：笔者于 2015 年 12 月底到 2016 年 1 月上旬的寒假时间先到为高层级政府服务的 A 教育智库（以下简称“A 型智库”）调研和观摩半个多月时间，其间运用半结构访谈提纲分别与 A 型智库的主要负责人进行座谈，与 A 型智库 4 位不同资历和性别的专家进行焦点小组讨论并逐个进行深度沟通（该智库知名度高的专家大概有 6 位），并参与观察 A 型智库的一个项目研究。2017 年 7 月，笔者又利用暑假时间进行一次回访和调研，对有关研究结论做进一步的修订。2016 年 8 月下旬，笔者赴一所地方性 B 教育智库（以下简称“B 型智库”）进行调研和观摩，其间运用半结构访谈提纲分别与 B 型智库的分管领导进行交流，与 B 型智库 8 位不同部门的负责人（优秀中层干部代表）进行焦点小组谈论（该智库知名度高专家较少，只好用优秀中层干部代表代替），并参与观察了 B 型智库两次政策草案制定的研究活动。2017 年 12 月底，笔者进行回访和调研，对有关研究结论做进一步的修订。2016 年 7 月中旬，笔者利用暑假时间与抽样的一所民间 C 教育智库（以下简称“C 型智库”）取得联系，在 C 型智库实地调查半个多月，运用半结构访谈提纲与 C 型智库的正副院长进行交流，与 C 型智库外聘专家代表 5 人分别进行深度沟通交流，并参与观察了 C 型智库的两次

---

① 福特. 机器人时代：技术、工作与经济的未来［M］. 王吉美，牛筱萌，译. 北京：中信出版社，2015：132.

学校指导活动和一次教育沙龙活动。2017 年 11 月底进行回访和调研，对有关研究结论做进一步的修订。

笔者本身就是教育智库的局内人，与国内几十所知名教科院所有业务上的合作关系，与这些机构的主要负责人有着良好的互动，收集资料方便，也深受访谈对象的信任。在这两年多的执行研究过程中，笔者也不得不掌握现象学的观察方法，“悬置”成见，以事物本来面目看待事物，极力避开先入为主，通过与研究对象持续的互动、争取，最后与其达成视域融合。与此同时，笔者对新型教育智库治理机制的认识也不断地迭代和建构。

五、资料收集方法

在进入研究现场之前，首要的就是择取资料收集方法。笔者不拘泥于扎根理论的刻板程序，而是根据研究展开的需要，择取和匹配资料收集方法。

本文首先采用文献法收集资料，即在进入研究现场之前，通过相关文献、文件、地方志、会议记录、咨政报告、发表的论文及其他公开出版物对研究对象进行“预研究”，目的是初步勾勒和“拼图”被研究对象的定位、职能、产品、类型、特点等事物的基本现状，在此基础上才能深入透视教育智库治理机制的问题与破解的逻辑。

因此研究逻辑遵照如下思路展开：一是回答需要知道什么东西，去哪里发现？答案是需要知道教育智库的基本理论，需要自己从文献中归纳提炼。因此在研究准备中要做好文献综述和理论提炼的功课，初步构建对教育智库的一个认知图式，以此作为深入研究教育智库治理机制的逻辑基础。二是再问自己需要知道什么，去哪里发现？答案是需要知道教育智库治理机制存在什么问题，因为前期的调研就发现教育智库建设推进缓慢，甚至停滞不前，相关学术研究成果也不多见。因此，通过广泛的调研发现存在 12 个问题，并可分为两大类，一类是基本理论问题（文献研究已初步解决），另一类是教育智库的治理机制问题（共 11 个），破解的策略也通过初步的调研给出了。那么，这些治理机制问题在实际中的表现情况如何？这就需要择取案例深度观察，而案例择取是在全国省级层次的教科院所里分类抽样，民间教育智库是择取典型个案方法，从多案例交叉设计中探寻和发现。三是进入案例现场，采用访谈法、观察法和焦点小组讨论收集资料，注意与被访谈对象建立良好的人际互动，使其能够敞开心扉，从而获取真实的情况。焦点小组讨论人数预先选定，每次 5 ~ 8 人，由笔者主持针对教育智库治理机制存在的重要问题展开互动讨论，畅所欲言，借此了解不同观点及其争锋。与深入访谈相比，焦点小组讨论能够提供更为多元的观点，短时间内可以收集到丰富的资料。四是观察和访谈中发现的资料和文献归纳出来“理论”不一一对应时，如何处理？答案是通过扎根理论研究方法，使得搜集的材料与理论之间多重对话，反复迭代生成新理论，这些材料应该为新理论提供足够的支撑。这是扎根理论最难的一步，但也是必须跨出的一步。具体操作将在“资料分析与编码”这节里系统阐释。

六、资料分析与编码

进入研究现场后，要把以前从文献中归纳出来的“理论”暂时悬置，用现象学按照事物本来面目观察事物的方法，尽量不带偏见地进行描述和整理。进入现场收集的资料按照“类别（如 A、B、C）＋类型（如访谈、观察、焦点小组讨论等）＋姓氏拼音＋时间”格式记录，例如，“A—访谈—WANG—20151215”表示 2015 年 12 月 15 日对 A 型智库王老师的访谈文件。

那么资料收集何时结束呢？在进行扎根理论研究时，完全饱和的信息搜集可能永远无法达成。根据伊冯娜·林肯和埃贡·古柏的研究，评价信息饱和需要结束资料搜集时应满足下列四条标准：①资料来源用尽，而且无论如何深入都不能获得资料时；②类目饱和，感到给资料编号的类目几乎可以确定时；③体现规律性，即搜集的资料能够体现出相当的内在一致性时；④充分挖掘得到的资料提供了具有相当深度和宽度的信息，即感到再继续搜集下去对于评价对象的理解加深意义不大时。① 本论文主要依据“体现规律性”，即搜集的资料能够体现出相当的内在一致性，比如关于教育智库治理机制的类别，A、B、C 三家教育智库的专家和主要负责人大都认为针对揭示当前存在问题的破解机制基本“齐全”，笔者就果断结束了资料的收集。

对收集资料的分析主要采用斯特劳斯等提倡的扎根理论的三级编码方法：通过“一级编码——开放式登录、二级编码——关联式登录、三级编码——核心式登录”这些步骤从资料中生成概念类型，进行系统化，逐步完成三级编码总图（如图 3－3 所示）。15 个治理机制类属的具体编码，详见附录 4。

① 高尔，等．教育研究方法导论［M］．许庆豫，等译．南京：江苏教育出版社，2002：462.

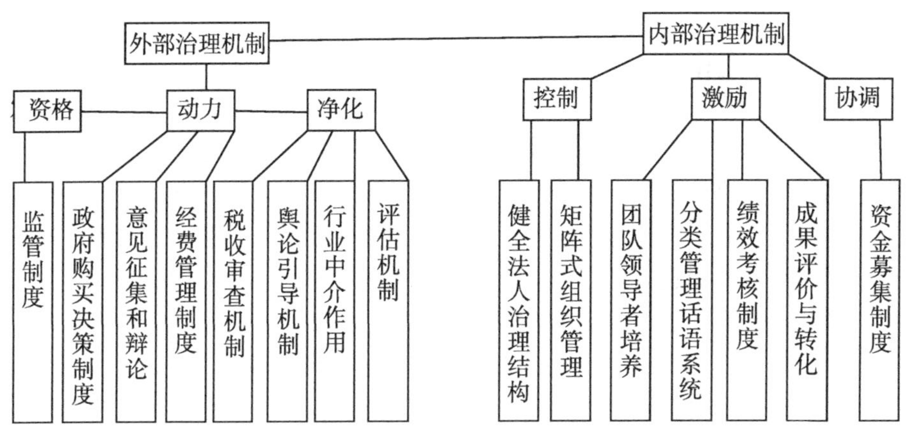

图3-3　A、B、C型智库治理机制的三级编码总图

三级编码的过程就是把通过各种方式收集的所需要的一切可能有用的“碎片”，拼凑出一个具有比较完整意义图景的过程。因此完成三级编码总图后，即完成类属分析后还要进行概念化的分析过程。所谓的概念化就是根据资料各部分的内在联系，勾勒出一个恰当的认知图式。这是研究的难点，通过这个概念化的过程，生成理论。这个阶段非常富有创造性，主要任务是找到一种合适的教育理论，来恰如其分地解释案例中呈现出来的问题与成因。当然，仅仅是理论与发现问题之间的“吻合”，并不能得出令人信服的诠释。必须从田野调查的记录中建立抽象类目，并且要使得这些类目能够最适当表达用本质直观方法搜集到的资料，尽可能地使得二者之间能够达到匹配的适合水平。评价者还必须得到被评价群体“局内人”的观点，被评价者也将得到评价者的内部观点。比如就把15类内外部治理机制系统化为“资格”“动力”“净化”“控制”“激励”“协调”等概念，背后所依据的解释框架分别是治理理论关于一个组织遵守规则，充满动力，自我完善的发展理论的支持和管理学关于一个组织内部进行控制、激励和协调以达成组织目标的理论支撑。前者成为教育智库外部治理机制的解释框架，后者成为教育智库内部治理的解释框架。笔者不敢说材料与理论之间建立了完美的连接，但这两个解释框架与材料的契合度非常高，也得到了被访谈对象的一致认同。

按说案例研究到此可以结束了，但由于采用了分类抽样的多案例交叉设计，其扎根理论研究得出的结论仍有推广的价值，因此笔者在此基础上把这些结论推广到同类案例之上。由于选择的三类案例是新型教育智库目前三类最典型的代表，根据建构主义的原理，笔者据此构建了新型教育智库的治理机制，完成了对研究主题的呼应。

七、研究伦理

本文虽然是分类抽样择取教育智库，但在择取受访者时，仍然遵循了自愿参与原则和协商原则，充分保护对方的隐私。幸运的是参与抽样的教育智库人员与笔者近年来都有些业务合作，彼此都不陌生，平常交流都能开诚布公，因为平常都能建立良好的人际关系，因此在获得资料的信度方面很高。而且笔者在研究开始之前就明确告知他们这是一项博士论文研究，不是呈交政府的调研报告，受访者的顾虑大为减少，同时允诺受访者随时可以退出，他们的退出选择也会得到尊重（本研究接受访谈和深度观察的 20 多位对象，只有 1 位因工作调离而退出访谈）。笔者在访谈资料初步处理完毕后，请受访者阅读初稿，请他们指出疏漏之处，给他们提供更正的机会。

本论文涉及的比较隐私而敏感的话题，比如教育智库的经费管理机制问题，经过笔者的不懈努力，大多数受访者也都做到了真情倾诉，并提出详尽的和专业的改革建议。

在与受访者互动过程中，笔者也与他们建立真挚的人际关系，他们的职业操守、专业能力甚至怅然若失都能激发笔者要把智库人的悲欢离合表达出来，让所有人真切地体会到只有教育智库的优先发展才会有教育的优先发展，只有教育优先发展了才会促进社会的加速发展。也正是因为局内人的缘故，为免陷入“先入为主”，笔者在研究中必须经常提醒自己“跳出来”，以现象学的方法，按照事物本来面目去观察事物的要求，以“局外人”的眼光和视角，思考教育智库治理机制的可能样态。这样不断地在“局内人”和“局外人”之间进行转换，笔者的研究能力和素质得到了提高。笔者也会利用自己微薄的专业知识针对智库年轻人的专业发展困惑，尽可能地给予帮助和疏导，在他们选择突破口方面也尽可能提供客观的建议。笔者在与受访者互动的过程中收获了意外发现，重建了有关教育智库治理机制的认知图景，可谓研究者与被研究者共同成长。

第四章　新型教育智库治理机制的逻辑基础

智库研究专家埃布尔森在论述如何恰当评价美国智库影响力时指出，目前还没有一种公认的信度和效度都很高的评估办法。通过个案方法调查参加重要政策研制的关键人物倒是个好方法，不过个案研究费时费力，而且也只是对政策研制的结果进行评估。在政策研制的不同环节上智库如何发挥影响作用仍然悬而未决，也就是说过程性的影响力还无从评估。埃布尔森就认为与其在这一问题上论而无果，倒不如研究智库在什么情况下能够发挥资政建言的作用。[①] 教育政策领域则强调对教育智库治理机制的研究，使其最大限度地发挥塑造教育政策的积极作用。为了更好地剖析新型教育智库机制，还必须做一些理论的“铺垫”分析，比如需要剖析新型教育智库在决策中的定位，其产品、职能和类型等，只有把这些基本理论问题搞清楚或者达成“基本共识”，才可能使得新型教育智库治理机制的研究建基在扎实的逻辑基础上并获取丰沛的理论滋养。

一、新型教育智库在决策中的角色定位[②]

研究新型教育智库在决策中的定位，首先要分析政府和新型教育智库在决策中各自扮演的角色、承担的主要任务和发挥的核心作用，而且更要考虑政府与智库是如何围绕共同的决策目标，基于决策过程中的角色分工实现互动协作、优势互补，实现国家教育战略与决策的科学化、民主化，国家教育治理体系与治理能力的现代化。[③] 决策过程一般是由委托研究开始，到形成

① ABELSOH D E. It seemed like a good idea at the time: reflections on the evolution of American think tanks [J]. Canadian review of American studies, 2016 (1): 139 - 157.

② 李清刚. 新型教育智库：定位与职能 [J]. 情报杂志，2018，37 (6)：46 - 50.

③ 庞丽娟. 我国新型教育智库若干重要问题的思考 [J]. 教育研究，2015 (4)：4 - 8.

咨政方案，再到决断。首先，政府从大众议程或者内部发现要决策的教育问题，再把它委托给新型教育智库进行客观的、基于实证的研究，由新型教育智库提出若干备择咨政方案，即进入所谓的专家议程（在专家议程中智库要避免受到利益集团的不当干扰），新型教育智库再把备择咨政方案输送给政府决策者，即进入政府议程，由决策者对备择咨政方案进行决断，并形成合法的政策文本。这是一般的政策决策流程。在此过程中，新型教育智库发挥了沟通权力和知识的桥梁作用，而且在这一过程中智库成为独特的、不可或缺的、政府科学决策值得倚重的“关键资源”——提供备择咨政方案（其质量如何直接影响政策文本的质量）。为了提供优质的备择咨政方案，智库必须“强调学术的重要性以便保持充分履行其角色，在欧洲智库与学术界已建立相互依赖的关系”。①

如果是政府决策的重大教育问题，智库还要起到另外一种“关键资源”的作用，即建立平台就重大教育问题进行全国范围的讨论。默里·韦登鲍姆（Weidenbaum）认为出镜率和频繁会见国家领导或国际领袖的能力都不是智库的最终目的，智库的真正使命是提升对社会重大议题的全国性讨论的高度和深度。② 尽管它们经常标榜客观中立的立场，但是作为思想工厂的智库所“加工”的咨政方案其实也是精英决策共同体的组成部分。提升重大教育问题的全国性讨论的高度和深度，才能让各治理主体建言献策，最大限度地消弭利益集团的干扰，凝聚民间智慧并达成博弈共识，从而扩大教育决策的民主化。俞可平认为公民不能对政府决策过程进行参与、监督与控制，就不会有真正的民主。③ 正如布拉姆（Braml）指出的那样，智库在社会治理中扮演协调者的角色，即在公民和政府之间进行协调，试图有效地在一个多元和民主的社会中交换关键性的思想和信息，塑造民主的秩序，即通过开放的民主谈判和讨价还价的过程，使得关于政策的一致意见被达成。④ 智库通过搭建交流平台，解读政策并帮助公众理解和支持政策创新，这就是所谓的引导舆论。技术的发展已经使得公众获得越来越多的机会接触决策过程，“政府过去可以对大量的数据资料的搜集和传播进行垄断，但今天这种能力分布比较

---

① PEREZ M. EU think tank fora as transaction cost reducers: a study of informal interest intermediation in the EU [J]. Journal of contemporary European research, 2014, 10 (2): 146 - 165.

② WEIDENBAUM M. A challenge to Washington think tanks [J]. Challenge, 2009, 52 (1): 87 - 96.

③ 俞可平. 增量民主与善治 [M]. 北京: 社会科学文献出版社, 2005: 128.

④ BRAML J. U. S. and German think tanks in comparative perspective [J]. German policy studies, 2006, 3 (2): 222 - 267.

广泛，公众不仅能够更容易地获取信息，而且也能够利用这些信息产生更大的影响”。① 精英垄断决策被削弱，决策的窗口必须向公众开放，各种社会主体之间进行理性、自由、平等的对话与沟通，倾听和采纳不同观点，各种错综复杂的利益得以安置，最终在讨论与协商中做出具有集体约束力的决策，形成纳什均衡。作为全国乃至全球的信息交流平台的智库网络已经成为公共政策博弈的主要舞台。这也是“完善协商民主制度和工作机制”的重要环节。不同的决策制定者参与决策制定可以减少错误，要得到大多数参与者的同意，就必须进行充分的论证，为智库的存在提供了制度上的需求。对于公民而言，大量的不同观点介入政策制定过程使得在某一方面利益受损者可在另一政策制定过程中成为获利者，为妥协、博弈和合作提供了可能性。② 取得大多数参与者的同意往往导致渐进的轻微的改革，而不是对政策的较大的修补，为政策提供稳定性，减少重大政策变革可能产生的错误。但也会有代价，即为了争取参加者多数的一致性和协调会出现“栅格锁”，即不同利益组织相互封锁的政策的制定与执行。这个时候智库创造建设性的对话空间和协调机制就非常必要。通过发挥这种利益调解作用，可以“降低政策研制中的信息不对称以及减少机会主义行为”。③ 事实上，教育智库创造协调的交流性的对话空间也是其提升影响力的重要举措。所谓思想掮客就是要能提供政策观点和参与决策者的讨论，不能成为被动的政策提供者，成为“购物场所(venue-shopping)”，为来自不同背景但有共同目的的人提供互动平台。学术专家能够与政策实践者会面，利益群集团可与官员谈论政策调整，活跃分子能够与政治家对话。提供正式或非正式的建设性对话常使非官方教育智库从政策分析的边缘接近政策研制的中心，镶嵌在治理进程之中，从而提升影响力。后一种“关键资源”的作用尤为值得新型教育智库发扬光大。正如李刚教授所言：“政策辩论是中国目前政策制定中最为薄弱的环节。如果政府出台政策前有充足的政策辩论，很多政策偏差就可以避免，政府就不会被动。”④

新型教育智库要在决策中发挥两类“关键资源”的作用，需要政府非常明确地“表达和实现公共利益”。政府还有责任确保任何通过这种辩论和对

---

① CLEVELAND H. The twilight of hierarchy：speculations on the global information society [J]. Public administration review, 1985, 45 (1)：185 -195.

② 彼得斯. 美国的公共政策：承诺与执行 [M]. 姚建华，顾丽梅，等译. 上海：复旦大学出版社，2008：26.

③ PEREZ M. EU think tank fora as transaction cost reducers：a study of informal interest intermediation in the EU [J]. Journal of contemporary European research, 2014, 10 (2)：146 -165.

④ 李刚教授2017年11月23日参加在广州举办的“2017中国人工智能、智慧城市和全球治理论坛”后接受笔者的专访。

话过程产生的解决方案都完全符合正义和公平的标准，并且要确保得出这些解决方案的过程完全符合民主的规则和道德。政府也要负责确保那些解决方案在实质和程序上都符合公共利益。[①] 为此，新型教育智库还要发挥第三类“关键资源”作用，即充当教育公平和公正的监护人，对政府的教育政策方案的“实质和程序”进行监督和批评。在多元参与的决策中，利益集团通过接触、互动强化与政府官员的关系，力图影响政府做出有利于它们的政策决定，并避开其他利益的干涉，因而政府的权力或合法性往往会被蒙蔽，被用来增进某一团体的利益，而不是更广泛的公共利益。尤其是当利益集团伪装成智库并提供可疑的政策方案的时候，往往迷惑性更强。如果没有信息公开制度的保障，就很可能出现劣币驱逐良币的现象。再说行政机构也有自己的利益指向，“行政机构的主要利益是在预算规模扩大或缩小时，希望能够公平地分享预算的蛋糕”。[②] 智库也并非都反对利益集团的利益指向，不仅政府需要利益集团的支持使得政策更具合法性和可行性，智库提供的方案也需要吸收利益集团的合理建议和考虑其正当的利益关切。埃布尔森指出所谓智库与利益集团等其他政策共同体在目标追求上都有相似性，都是“以满足自己核心利益的方式塑造和影响公共观念和公共政策。不同点在于二者看待自己的优先权，是把主要资源分配给研究还是分配给营销”。[③] 利益集团也需要借助其他两方来追求自己的正当目标，尤其利益集团与智库达成共识能增强其可信性和受尊重的程度，如此达成一个自动执行的纳什均衡。因此智库要起到的作用是监督政策制定的过程要公平、公正，为此其要相对独立于政府和绝对独立于利益集团。新型教育智库是公共治理中不可或缺而又相对独立的治理主体之一，不是教育行政部门的传声筒和秘书处，也不总是和教育官员站在一起，它要和客观、公正永远站在一起。

二、新型教育智库的产品

新型教育智库主要提供的是公共产品，而不是私人物品（国外一些高端智库也会附带提供私人产品，如战略与国际研究中心、布鲁金斯学会等高端

---

① 珍妮特·V. 登哈特，罗伯特·B. 登哈特. 新公共服务：服务，而不是掌舵［M］. 丁煌，译. 北京：中国人民大学出版社，2010：48.

② 彼得斯. 美国的公共政策：承诺与执行［M］. 姚建华，顾丽梅，等译. 上海：复旦大学出版社，2008：37.

③ ABELSON D E. It seemed like a good idea at the time：reflections on the evolution of American think tanks［J］. Canadian review of American studies，2016（1）：139－157.

智库也为全球商务人士和咨询公司提供建议，但主要还是提供公共产品[①])，这也是它和利益集团的显著区别。而且它提供的是能对决策者造成改变的公共产品，也是它和大学推崇的学术至上的研究的不同之处。具体来说，新型教育智库提供的公共产品主要包括政策规划、政策分析、政策辩论、政策建言（咨政方案）、政策咨询、信息交流等。政策规划是指新型教育智库要进行前瞻性研究，预测国内国际教育政策的走势，进行储备性政策研究，成为政策话语的引领者；政策分析是指对当下实施的政策效果进行评估，以提出改进意见；政策辩论是指智库提供政策对话和辩论的交流平台，有序引导公众参与共同的对话，参与共同决策，凝聚民间智慧，完善政策方案，疏导社会压力；而政策建言是新型教育智库提供的最主要的公共产品，就是它要针对当下的重大教育问题创新性地提出对策性和适切性的咨政方案；政策咨询是政府在提交公众咨询政策方案时要附上智库的咨询意见，以便公众对政策方案有更全面、更专业的理解，便于接受政策创新；而所谓的信息交流，指的是它注重决策信息的搜集与整理，创建信息网络、数据库，向不同领域的研究人员和公众提供信息服务（如图 4－1 所示）。

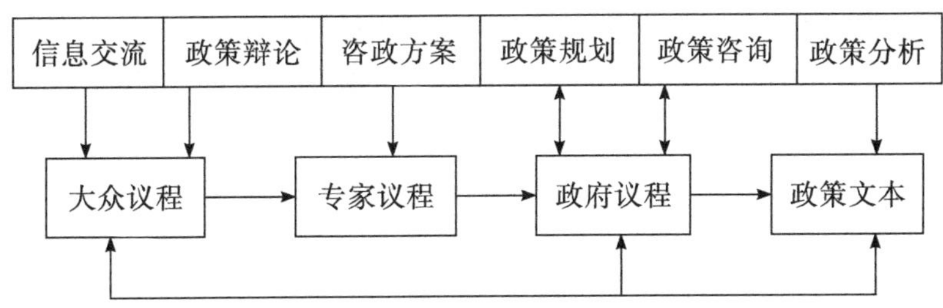

图 4－1　新型教育智库产品示意图

三、新型教育智库的特点

保罗·哈特、阿里阿德涅·弗罗门认为传统的典型的智库就是一群来自不同学科的高素质的专家，研究一系列与社会有关的问题，通过调查群策群力地完成报告，提出令人信服的政策建议，且报告要能进入决策层。[②] 他们还认为 21 世纪的智库则拥有一个小型的核心，这个核心由专家、合作伙伴、资助方、用户和微型公众组成，把传统的思想家、专家与思想经纪人、过程

① 史密斯．思想的掮客：智库与新政策精英的崛起［M］．李刚，邹靖雅，赖雅兰，等译．南京：南京大学出版社，2017：226.

② 唐磊．当代智库的知识生产［M］．北京：中国社会科学出版社，2015：65.

管理者团结在一起，向决策者提交研究报告并量身定做信息包，通过能力提升促进创新性政策思想的生产、交换与探索，在权势世界里醒目地存在。①

帕特里克·科尔纳认为就智库的外部环境及特定的组织特性而言，智库规模不尽相同，以独立自主或者挂靠政府部门、基金会、大学、政党的方式运营，以不同的比例雇用不同专业的人员，专注特定议题，有时领域较广，但依然界定明确，采取不同的资金筹措方式，通过不同活动来影响公共政策（如出版，参加听证会，接受采访，为政府提供人才等）。②

斯通认为智库属于独立的非营利性组织，可能依赖赞助者，但力图在研究和制定政策议程时不受外部干扰，产品具有很强的学术倾向，产出成果要和政府官员以及关心政策变化的私人组织与非政府组织接洽，提出政策建议为公共利益做贡献，而不是为利益集团服务。③

布拉姆认为智库首先要扮演研究者的角色，要追求醒目的与众不同的信息，发出与其他组织或智库不同但有助于公共辩论的声音，这可能要建基于它的独立的、原创的或者综合的研究和专业知识；其次要扮演传播和翻译的角色，要寻求其信息被理解接受，为此要通过不同的沟通渠道翻译和传播其研究和建议；最后要扮演召集、人际网、精英转场和招募等角色，要努力召集或者把人们聚在一起，举办交流论坛或者人际网，识别、招募、做举办方和发送信使，在公共辩论中传达智库的思想和专业知识。④

兰德公司提出，一个理想型智库应具有如下特点：一是即时拿出适用政策导向的研究；二是整合新技术和沟通策略；三是成为可信赖的，对政府和公民社会来说重要的政策机器；四是同时拥有高深学术、政治影响力、营销才干、宽松的环境及一批具有远见的研究人员。⑤

美国企业公共政策研究所董事会主席威尔逊·泰勒认为智库有如下五个特征：一是教育官员和公众；二是用新思想扩展政策辩论；三是客观评估政策和政策备择方案；四是对政策问题采取长期的视角，不是急功近利；五是具有探索不寻常的思想和有准备承受“政治不正确”的勇气。⑥

---

① 唐磊. 当代智库的知识生产［M］. 北京：中国社会科学出版社，2015：78.

② 唐磊. 当代智库的知识生产［M］. 北京：中国社会科学出版社，2015：171－172.

③ STONE D. Think tanks across nations：the new network of knowledge［J］. NIRA review，2000，34（4）：34－39.

④ BRAML J. U. S. and German think tanks in comparative perspective［J］. German policy studies，2006，3（2）：222－267.

⑤ 引自国家行政学院胡敏教授在2016年11月27日济南大学举办的“新型智库及领军人才绩效评估高层论坛”的讲座，题目为《关于智库热的思考》。

⑥ 任晓. 第五种权力：论智库［M］. 北京：北京大学出版社，2015：11－12.

梅德韦茨（Medvetz）认为智库是一个跨越政界、学术界、传媒界、商界的组织，一个富有活力的分离和依附的游戏，它不可能充分从其供养的四界母体分离，它不能简单地变成大学、倡议集团、一种商业或媒体机构，这样它就没有存在的价值。其价值就在于它能够通过培养专家，在政界、学术界、传媒界、商界的交互地带形成一个有力的“享有特权的中心位置”，可以制约政治和媒体的影响力，同时以一种令人信服的感觉成功地促销，并反映出其赞助者政治倾向的观点。①

上述专家从不同国家的文化传统、精英人士的活跃程度、决策的民主化水平、智库的主体地位、智库影响决策的方式等视角出发对智库特点进行剖析，结果不尽相同。共同点在于：①都强调智库的基本工作模式是“专家—方案—政策”；②强调思想的创新性和方案的质量，成为可信赖的政策机器；③强调沟通和培育影响力，成为特殊的“醒目的存在”。不同点在于，有的智库研究专家强调智库的核心除了包括专家人员，还应该包括合作伙伴、资助方、用户和微型公众等，扩大了专家的外延；有的智库研究专家强调智库的独立性或者非独立性，营利性或非营利性。其实在笔者看来这都不是争论的重点，重点在于智库能否保证其研究人员根据事实自由地、不受干扰地推导出结论。鉴于智库主要解决的是社会科学领域的问题，智库的研究人员必须反思其本身秉持的价值观是否干扰或扭曲了事实。有的智库研究专家强调通过举办论坛等方式“在公共辩论中传达智库的思想和专业知识”，间接地影响公共政策；有的专家则强调和“政府官员以及关心政策变化的私人组织与非政府组织接洽”，直接或间接地影响公共政策。这些差异和智库的传统及偏好有关，是自身“个性”的体现，理应得到尊重，而不应强求一律一致。还有的专家强调智库的跨界性，智库的位置特殊，既受到各种组织的制约，也反作用于各种相关组织，起到发挥这些组织的合力作用。

新型教育智库的特点，既要体现出国外智库发展的普遍特点，即所谓的世界眼光和学术自觉，也需考虑国家的传统文化、现实国情、教育的治理水平以及教育决策的科学化、民主化程度，必须从我国实际出发，符合我国政治制度特点，遵循我国教育决策工作规律。具体而言，我国新型教育智库的特点如下：①坚持党的领导并为改善党的领导服务，为实现教育公共利益的最大化服务；②同样遵循“专家—方案—政策”的基本工作模式；③强调新型教育智库的治理改革，追求保障建基在扎实证据基础上的备择咨政方案；

① MEDVETZ T. Think tanks in America [M]. Chicago: The University of Chicago Press, 2002: 18 -38.

④强调智库发挥沟通和有序扩大决策民主的作用，成为“知识和权力之间的桥梁”。相应地，新型教育智库专家要成为“先进思想的倡导者、学术研究的开拓者、社会风尚的引领者、党执政的坚定支持者”。

四、新型教育智库的职能①

不同国家智库职能发挥的侧重点不同。比如美国智库注重发挥如下职能：①决策者政策理念的主要来源；②政策制定过程中专业知识的提供者；③公共政策的评论者；④高级官员的人才库；⑤媒体公共政策的权威来源。② 法国智库的主要职能是：为决策者提供思想和政策方案；及时反映和汇集国内外意见和需求，起到表达和传导利益的作用；评估政府运作效率并提出改进建议；为社会提出新的思想观点和价值目标；引导公众舆论和社会走向。③ 英国智库的职能主要有：帮助制定政策问题的框架，并提供背景信息；为政府提供直接的政策建议和解决问题的方法；对中长期社会重点问题进行“预警”，提醒政府预防出现重大失误和偏差；帮助政府向公众解释政策，帮助公众理解政策，建立公众对政策的信心；等等。④ 日本智库的主要职能包括：通过前瞻性和战略性的政策分析，提出政策建议；为企业提供管理咨询；提供信息咨询服务；传播政策思想理念；发挥“第二轨道”外交等。⑤

作为现代智库发源地的美国为智库职能的行使树立了一个样板。以美国智库的职能为预设参照，那么可以发现美、法、英、日等国家的智库的关键职能大同小异，都要完成政策预测、咨政建言、政策评估、舆论引导、交流平台、第二外交等职能。明显的区别在于法国的智库坚信智库的独立必须由政府提供资助，而不能由私人基金赞助，否则不管资金来源如何多样化，仍然存在腐败；日本的智库却不存在这样的担心，日本存在大量营利性智库；而美、英两国的智库则把非营利性和私人基金赞助当作智库独立的重要性质。

---

① 李清刚．新型教育智库：定位与职能［J］．情报杂志，2018，37（6）：46－50.

② 王佩亨，李国强．海外智库：世界主要国家智库考察报告［M］．北京：中国财政经济出版社，2014：5.

③ 王佩亨，李国强．海外智库：世界主要国家智库考察报告［M］．北京：中国财政经济出版社，2014：33.

④ 王佩亨，李国强．海外智库：世界主要国家智库考察报告［M］．北京：中国财政经济出版社，2014：46.

⑤ 王佩亨，李国强．海外智库：世界主要国家智库考察报告［M］．北京：中国财政经济出版社，2014：177－178.

从智库研究者的视角来看，智库的职能又是怎么样呢？魏纳德·吉尔内认为智库主要有四种职能：①观念和意识形态的生产；②召集形成网络；③出版传播；④对精英的改变。[①] 美国外交委员会主席理查德·哈斯认为智库的主要职能是：为制定政策提供原创性的理念和备选方案；提供专家库以满足政府雇佣；提供高层磋商的场所；教育美国公民了解世界；支持政府调节和解决争端的努力。[②] 著名智库研究专家斯通认为智库主要提供如下三类服务：一是提供知识和专家意见，提供一流的政策建议；二是倡导和论证，在合法形式下为附属或提供赞助的利益集团说话（利益集团只有倡导而没有研究，而倡导型智库则是先有研究再有倡导）；三是提供组织和技术服务，即与决策者建立联盟，达成共识，并教育公众理解政策创新。[③] 英国学者威廉·华莱士概括了智库的七项功能：①政策问题的智力分析；②研究和透析政策背后的思想和理念；③收集和整理信息；④从长期的视角关注政策问题；⑤一定程度上与政府保持距离；⑥一定程度上介入政府事务；⑦向公众传播信息和主张。[④] 美国学者麦甘恩和萨巴蒂尼总结智库的主要职能为以下六条：①进行重大政策问题与解决方案研究；②对需要马上解决的政策问题提出建议；③评估政府项目；④向媒体阐释政策和时事；⑤扮演“议题网络”和思想交流的促进者；⑥为政府充当人力资源库。[⑤] 戴维·里奇认为智库的功能主要有三个，第一个是知识功能。这一功能主要包括两个方面，即工作可信和宣传社会事务的可靠知识。工作可信就是提高美国生活中的专业知识，培训具有专业资格的人去服务公共利益从而促进社会进步。宣传社会事务的可靠知识，即智库要充当研究掮客。智库客观地提炼和简化研究员们发表在不常见的学术期刊上的专业术语写成的成果并提供给决策者，这样决策者在决定推行何种政策时，就可以把这些知识作为参考，这就是研究掮客。第二个是动员功能，即智库针对要应对的问题和群体，通过不同方式调

① 麦甘恩，威登，拉弗蒂．智库的力量：公共政策研究机构如何促进社会发展［M］．王晓毅，张倩，李艳波，等译．北京：社会科学文献出版社，2016：23－35.

② 麦甘恩，威登，拉弗蒂．智库的力量：公共政策研究机构如何促进社会发展［M］．王晓毅，张倩，李艳波，等译．北京：社会科学文献出版社，2016：32.

③ 麦甘恩，威登，拉弗蒂．智库的力量：公共政策研究机构如何促进社会发展［M］．王晓毅，张倩，李艳波，等译．北京：社会科学文献出版社，2016：35.

④ WALLACE W. Between two worlds：think tanks and foreign policy［M］//HILL C，BESHOFF P. Two worlds of international relations：academics，practitioners and the trade in ideas. London and New York：Routledge，1994：139－163.

⑤ 麦甘恩，萨巴蒂尼．全球智库：政策网络与治理［M］．韩雪，王小文，译．上海：上海交通大学出版社，2015：20－21.

动公众舆论（包括长期舆论和短期舆论）。智库通过专著、期刊论文、论文集等可以发挥长期动员作用。短期调动公共舆论依赖多种策略，比如现身脱口秀节目，撰写专栏文章，参加宴会、专题会议以及研讨会等。第三个是政策制定功能。智库直接参与政策制定过程，智库成员在问题网络中得到认可，就可以为在同一网络中的政府官员提供直接的信息和建议，或者利用其成员在政府内部担任决策者时实施该智库提出的建议。① 中国学者任晓总结智库的主要职能为以下八条：①生产政策思想；②提供政策方案；③储备和提供人才；④教育公职人员和公众；⑤到国会（议会）做证；⑥提供政策制定者发表政策演讲的场所；⑦知识创新的重要来源；⑧开展特定民意调查等。②

尽管学者们对智库的主要职能看法不一，有些只是突出核心职能，有些则为全面涉及——打个比方来说，有些注重传神白描，有些注重工笔彩绘——但其实在智库的关键职能上，一致性仍大于分歧，大都强调了政策分析、政策建言（咨政方案）、政策咨询、信息交流及人才储备等职能。

新型教育智库从中获得哪些启发呢？笔者认为新型教育智库的职能既要借鉴国际智库的一般特征，又要反映出中国特色和体现教育属性。具体而言，新型教育智库的主要职能有以下七种，即政策预警、咨政建言、政策评估、舆论引导、交流平台、储备人才和第二外交。

政策预警是指新型教育智库要长期从历史视角进行前瞻性研究，注重教育趋势研究，防止出现重大决策失误和偏差。咨政建言是指新型教育智库为决策者当下要解决的教育政策问题，提出证据为本的针对性和适切性建议，争取转化为教育政策或教育制度。政策评估是指新型教育智库要评估政府教育项目，并提出基础证据的建设性建议，完善相关教育政策。舆论引导是指新型教育智库要把研究成果转化为舆论，要能帮助政府教育公众理解教育政策创新，建立公众对教育政策的信心。这一职能不同于美国智库的职能，因为美国政策研究机构从不考虑广义的公民教育，而更多的是考虑为政府官员提供咨询，或者是吸引大众媒体的关注。③ 而交流平台是指新型教育智库通过举办各种活动传播和交流教育思想，成为有序扩大教育民主决策的促进者。储备人才是指新型教育智库一方面要建立和完善智库内的人才培养机

---

① 里奇．美国政治的转变：新华盛顿与智库的兴起［M］．李刚，邹婧雅，王爽，等译．南京：南京大学出版社，2018：208－212．

② 任晓．第五种权力：论智库［M］．北京：北京大学出版社，2015：136－153．

③ 史密斯．思想的掮客：智库与新政策精英的崛起［M］．李刚，邹婧雅，赖雅兰，等译．南京：南京大学出版社，2017：252．

制；另一方面也要借鉴“旋转门”机制，为了增强教育决策的理性程度和更好地为政府对话，接受在任或离职的政府官员入库，成为政府和公众可以信赖的人力资源库。第二外交是为了加快新型教育智库的建设步伐和应对“一带一路”倡议提出的教育合作，需要推进跨国界的开放式研究，与不同区域的教育智库结成伙伴关系，促进教育信息交换，提高研究成果和政策方案传播的能力，发挥第二外交作用，为获取国家的海外利益提供服务。这七种主要职能中，最核心的职能是咨政建言，智库正是通过咨政建言才得以施加影响力，这也是智库与大学学术研究最不同的地方。这里引述曾在美国俄亥俄州立大学国家安全事务所梅尔尚教育中心的维达教授总结的美国高端智库是如何通过接近权力中心来施加影响力。

（1）午餐、研讨会、晚餐。利用这些场合与记者、国会议员、政策制定者和其他智库交流政策思想并建立网络。

（2）电视和媒体。智库与电视、媒体关系密切，高端智库甚至有自己的媒体人员和工作室，他们是传播信息的专家。

（3）公开露面。在全国各地举办讲座，向政府官员、记者及其他人员介绍情况，提高知名度。

（4）国会证词。在国会等地无所不在地作为证人或者踊跃成为“接受电视采访者”。

（5）直接访问决策者。通常的访问频率为白宫每月一次，州和防务部门每三个月一次，中央情报局和其他重要机构一年一次或两次。

（6）咨询小组。所有高端智库都有高层次的咨询小组（由前政府官员等精英组成），他们指导智库制订计划，提出咨询，提供访问政府部门的路径。

（7）个人联络。高端智库有自己庞大的社会关系网，与资助者的亲密互动可以获得其提供的接近政府高官的机会。正如詹姆斯·史密斯指出的那样，政界人士承认他们没有时间来阅读图书和报告，有一大堆的待办事项等着他们去处理。一项研究报告指出，国会议员平均每天花在阅读上的时间只有11分钟。通常情况下，公职人员会依靠其他人的专长和长时间的知识资本的积累来做出决策。①

（8）政府服务。几乎所有高端智库都配备前政府官员，他们利用自己的人脉接触政策制定者，或者帮助他们的同事获得这样的机会。在埃布尔森看来，很多前任高官被聘请到智库任职并不是因为他们有做研究的潜力，而是

① 史密斯．思想的掮客：智库与新政策精英的崛起［M］．李刚，邹婧雅，赖雅兰，等译．南京：南京大学出版社，2017：208.

因为他们能为智库吸引到资金。这也许就是智库经常邀请前总统和前内阁大臣加入他们的原因。[①] 他还提出警告智库把所有的鸡蛋放在一个篮子里是不明智的，因为即使倾向于采纳本智库政策建议的政府上台执政，智库的管理层也应意识到官场如战场，没有永远的朋友，只有永恒的利益。[②]

(9) 研究与出版物。智库自己也要做研究和写作，然后把它们交给合适的决策者。但研究和写作只是很少的一部分，在高层建立人际关系网才是游戏的主要部分。

(10) 社交媒体。高端智库利用高科技、媒体办公室、网站、聊天室、有针对性的电子邮件列表、快速响应的客户热线、推特（Twitter）及脸书（Facebook）、博客等社交媒体工具扩大影响。

(11) 旋转门。为官员提供进退之所和临时起降场。这些人在政府和智库之间流转，可以保障政策的延续性和渐进性。

(12) 向下一任总统提供意见。在总统竞选活动中出谋划策，未来总统竞选团队成员大多数来自智库，而不再是学术界。竞选成功后进行“政治分肥”，晋级政府高官。[③]

五、新型教育智库的类型

保罗·哈特、阿里阿德涅·弗罗门归纳了智库著名研究专家布拉姆、麦甘恩及韦弗等人的观点，把智库分为如下几类。

1. 学术性智库

学术性智库主要是大学或其他接受捐赠的独立性学术组织，他们在科学研究的开展与传播、公共政策探讨等方面做出贡献。其一般可以自由地设置研究议程，产出主要以专著和期刊论文的形式面世，而不是向政府提交报告。

2. 契约型智库

契约型智库的资金主要来自政府的竞争性合同，政府为其设置研究议程，其产出一般为向政府提交报告，而不是常见的书籍和论文，兰德公司就是这类智库的典型代表，其公开发表的论文或报告，约占其总产出的30%。

---

① 埃布尔森. 国会的理念：智库和美国外交政策［M］. 李刚，黄松菲，丁炫凯，等译. 南京：南京大学出版社，2017：166.

② 埃布尔森. 国会的理念：智库和美国外交政策［M］. 李刚，黄松菲，丁炫凯，等译. 南京：南京大学出版社，2017：246.

③ WIARDA H J. Think tanks and foreign policy in a globalized world：new ideas，new “tanks”，new directions［J］. International journal，2015，70（4）：517－525.

学术性智库与契约型智库也有共同点，两者都倾向于招募学术造诣深厚的员工，两者都重视严谨的科学方法的运用，并且力争使其客户相信他们的研究产品客观且可以信赖。

3. 政府智库

政府智库是政府内设的研究与战略部门，或是由政府全额资助但又保持自治的政策研究机构，一般具有稳定的财务预算和充足的资源，享有较高程度的自主权。它们的研究报告对政府科学决策能够做出贡献。它们一般在研究议程设置上的独立性、研究结果的客观性和可靠性等方面都有不足之处。

4. 政策倡议型智库

政策倡议型智库是一类由意识形态驱使，与利益团体挂钩或与政治党派具有财政上或者组织上关联的机构。它们致力于赢得思想战争，而不是客观公正地寻求最好的社会政策；追求循环思想的传播和营销，而不注重原始思想的创新；其产出大多是倡议性质的简报，而不是著作或论文。对于那些没有时间和精力阅读学术文章的决策者而言，这种简明扼要地阐述政策观点的简报，能够更好地辅助其做出决策。①

麦甘恩和萨巴蒂尼还补充了一类智库，即智库网络和全球智库。所谓智库网络就是一种成型于智库并围绕智库发挥作用的网络，由研究者、成员或者合作者组成，是在总部之外或国内不同区域建立的实体运营中心。如果拓展到国外，即在总部所在国之外创立运营中心，或者与国外具有资质的网络中的研究者、员工和合作者建立的智库网络就称为全球智库。② 信息技术的进步提高了思想在全球的可用性或者说可访问性，借助大数据等技术，也使得智库在全球范围内提升思想创新能力。信息技术的进步也带来挑战，因为在总部之外，智库需要与陌生的媒体和决策者打交道，需要重新学习如何影响当地决策的技巧。

此外，还有一类企业创办的智库，其运营机制与企业类似，具有营利性。这类智库在日本最具代表性，它们一般依托大财团、大企业，资金雄厚，实力较强，其产品也是为社会服务，提供政策研究和思想，属于公共产品，对日本政府研制政策具有很强的影响力。这类智库也是新自由主义和新公共管理浪潮的产物，即借用私营企业的效率和经验去改善公共管理的低效和低质，从而提高政府的回应性和敏捷性。

---

① 唐磊．当代智库的知识生产［M］．北京：中国社会科学出版社，2015：64.

② 麦甘恩，萨巴蒂尼．全球智库：政策网络与治理［M］．韩雪，王小文，译．上海：上海交通大学出版社，2015：28－29.

新型教育智库又是如何分类的呢？当下我国新型教育智库主要存在如下四种类型。

1. 学术性教育智库

学术性教育智库，主要指师范院校或者综合性大学的教育学院及教育研究中心等教育政策研究机构。

2. 政府教育智库

政府教育智库主要指教育行政部门附属的按照等级建立起来的教科研机构，按照科层制的方式运作并接受政府的支配和制约，甚至是政府机构的延伸。这些教科研机构兼具政策倡议型智库的特点。

3. 非营利性民间教育智库

非营利性民间教育智库，主要指以民办非营利性组织身份登记注册的从事教育政策咨询的组织。目前我国非营利性民间教育智库存在数量较少、发展较慢、质量参差不齐等问题。主要原因在于目前我国推动智库发展的慈善文化发展较弱，阻碍了民间非营利性教育智库的成长和进步。这类智库在政府教育智库不能满足治理时提供补位的需求，通过开展非正式论坛发声，引导公众开展参与式民主，提出思想产品供决策者参考，从而发挥应有的教育治理作用。

4. 营利性民间教育智库

营利性民间教育智库，主要是以企业法人登记注册的从事教育政策咨询的组织。目前我国此类智库数量较多，但研究力量较为分散，整体实力不强；近年来在资本的驱动下发展较快，但易受经济波动的影响。必须指出的是，公共的行动并不都是通过政府而进行的，公司或企业也是公共治理的主体之一。“公共的职责和责任既是公共管理者的责任，也是公司管理者的责任，更是每个人的责任。”① 尽管如此，西方国家智库的类型一般也不包括营利性的类别。因此，在李刚教授看来，“营利性智库只是为了注册登记的便利，而以公司名义运作的智库，属于过渡性的。如果它们要成为真正的智库，将来是要走向非营利性的。”②

政府教育智库由于与政府的关系较近，故而比较受政府的信任，也能从

① 弗雷德里克森. 公共行政的精神［M］. 张成福，刘霞，张璋，等译. 2版. 北京：中国人民大学出版社，2013：35.

② 李刚教授2017年11月23日参加在广州举办的“2017中国人工智能、智慧城市和全球治理论坛”后接受笔者的专访。

政府那里获得第一手资料或者最新发展动态等，对决策具有较大影响力。学术性教育智库大多属于体制内的，但由于其运转模式远比政府教育智库灵活，所受到的政府控制也较少，信任度也少一些，更由于其专长在于高深的教育学术研究，在打通学术领域与决策领域的对接方面尚处在探索期，因而其对决策的影响力比政府教育智库要小一些。非营利性教育智库和营利性教育智库都独立于政府直接控制外，追求经济方面的自力更生。非营利性教育智库争取基金会和社会捐赠，营利性教育智库主要从项目咨询中获取经费。政府可以通过外包的方式或者体制内委托的方式获得教育智库的服务。由于市场购买存在不确定性和风险，寻找合适的外包对象比较费时，或者向市场提供的产品不符合政府招标要求，或者对不熟悉的提供者信任度不足等问题，使得政府更愿意在体制内委托政府教育智库来满足教育决策的需求，有时候也会委托学术性教育智库进行一些重大教育改革项目的研究，但更多地依赖政府教育智库。相比之下，非营利性教育智库和营利性教育智库则难以获得体制内委托研究的机会。因此他们为了获取政府信任，往往借助政府教育智库这一桥梁，主动地与政府教育智库进行项目合作，通过合作把自己的教育主张和理念融入项目成果并传达给政府决策者，影响政策的制定，与政府的关系也密切了，为获得政府外包打下良好的基础。政府教育智库可以借助非营利性教育智库和营利性教育智库在教育方面的经验积累或者技术优势更好地完成相关研究。政府教育智库有时也会邀请学术性教育智库参与研究，以提高研究的质量。学术性教育智库也会借助政府教育智库的第一手资料或者丰富的实践经验使其成果更好地转化为教育政策。可见，上述几类教育智库现阶段并非仅仅是竞争关系，往往充满了合作，共同致力于提升教育治理能力和教育治理的现代化。

需要指出的是，目前新型教育智库建设整体刚刚起步，处于潜在孕育和蓄势待发阶段，因而我国还不存在教育智库网络或者全球教育智库。

从全球范围内的教育智库的发展趋势来看，学术性教育智库、政府教育智库及民间非营利性教育智库等才是教育智库的主体，而营利性教育智库仅处于萌芽阶段和补充地位。因而本文研究的重点在于前三者，并分别择取三所代表前三者类型的教育智库进行研究，探索新型教育智库治理的若干问题和对策。

六、新型教育智库的角色定位与产品、特点、职能、类型等关系探讨

（一）新型教育智库的角色定位与产品的关系

新型教育智库的“沟通知识和权力的桥梁”的角色定位决定了其要为政府部门提供咨政方案、政策规划、政策咨询、政策分析等产品，这些产品通过塑造决策者的思想观念或者直接对教育政策草案施加影响，从而对教育决策产生重要影响。讨论平台的角色定位决定了新型教育智库供给的是信息交流产品。只有提供充分的基于实证的研究成果，才能使得教育政策的研制更为科学，尽可能地破除偏见和偏好的不当影响。新型教育智库作为教育公平、公正的监护人的角色定位，必须提供政策辩论这一产品，通过公开透明的辩论和对话，可以明辨是非，谋取共识，最大限度地避免既得利益集团的不当干预，使得决策过程阳光化。反过来，这些产品的持续供给也会强化新型教育智库的三种定位。

（二）新型教育智库的角色定位与特点的关系

显然，“桥梁”的角色定位规定了新型教育智库必须具有沟通知识和权力的特点，体现出智库促成知识向权力转化的一般特点。遵循“专家—方案—政策”的智库基本工作模式的特点是沟通知识和权力定位的应有之义和基本要求。信息沟通平台的角色定位规定了新型教育智库有序扩大决策民主的特点。和西方智库鼓吹的普遍参与相比，这是新型教育智库的“专属”特点。公平、公正的监护人的角色定位规定了新型教育智库要追求实现教育公共利益的最大化服务的特点。这也是新型教育智库的“专属”特点，不像西方同行或明或暗地为其背后“金主”服务。当然，新型教育智库持续表现出来的诸多特点也会强化新型教育智库的既有角色定位。

（三）新型教育智库的角色定位与职能的关系

显而易见，政策预警、咨政建言和政策评估等职能是新型教育智库“沟通知识和权力的桥梁”角色定位的体现，是新型教育智库作为“思想工厂”的基本写照。舆论引导和交流平台等职能是新型教育智库有序扩大教育决策民主化的平台定位的体现，舆论引导是有序的，扩大交流是协商民主的要求。储备人才和第二外交都是基于新型教育智库“沟通知识和权力的桥梁”

角色定位的派生职能，储备人才是新型教育智库“沟通知识和权力的桥梁”角色定位的派生结果。“旋转门”的建立，使得人才在智库和政府等机构之间的“流通”能够起到相互施肥、相互促进的作用。新型教育智库只有真正成为政策生产的“思想工厂”，才能具有声誉和影响力，才可能发挥软实力，有效地开展第二外交，在国际上具有话语权。新型教育智库充当教育公平和公正的监护人的角色定位始终如一地贯彻到上述七项职能之中。这七项职能的发挥都要永远客观公正（证据）地站在一起，与党和人民站在一起，与目标受众站在一起，自觉抵制既得利益集团的不当侵蚀和“俘虏”。反过来，新型教育智库的若干职能的发挥又会巩固其三种角色定位。

（四）新型教育智库的角色定位与类型的关系①

新型教育智库的角色定位与其类型也有一定的关系。目前新型教育智库主要有学术性教育智库（又叫大学教育智库）、政府教育智库及民间教育智库等三类。这三类教育智库在建设中因为角色定位不明，出现了诸多偏差。学术性教育智库往往轻视“沟通知识与权力的桥梁”定位，只是专注学理研究和逻辑思辨，拿不出决策者所需要的有针对性、前瞻性或储备性的对策。政府教育智库往往轻视“有序扩大教育决策民主化的平台”的定位，只是迎合政府精英的偏好，而引导和启蒙公众协商参与决策不力，导致了出台的政策因缺乏“纳什均衡”难以执行。民间教育智库在定位上的常见偏差是不能做好教育公平、公正的监护人，往往被某些既得利益集团“俘虏”，成为其隐晦的代理人。因此三类新型教育智库都必须全面坚守新型教育智库的“桥梁”“平台”与“监护人”三个角色的定位。三类新型教育智库在坚守三种角色定位的基础上找到各自建设的“主攻方向”，发挥比较优势，培育核心专长，从而奔向卓越的高端教育智库发展之路。

七、新型教育智库的二维分类

笔者对上述新型教育智库的分类主要依据国际上的通用惯例，基本适用于中国新型教育智库的类别划分。但笔者深入研究发现，依据教育智库影响教育政策的途径“单一渠道—多元渠道”和智库自身思想生产能力“原创思想—循环利用”这两个维度，可以把当下教育智库划分为如图 4－3 所示的四种类型：从第一象限到第四象限分别为倡导型智库（多元渠道、循环利

① 李清刚．新型教育智库：定位与职能［J］．情报杂志，2018，37（6）：46－50.

用)、理想型智库（多元渠道、原创思想)、低调型智库（单一渠道、原创思想）和平庸型智库（单一渠道、循环利用)。笔者在五个国家中心城市的调研证实，平庸型智库占了绝大多数，倡导型智库、低调型智库及理想型智库占比很少，其中倡导型智库还处于萌芽阶段，理想型智库尤为缺乏。而理想型智库、低调型智库及倡导型智库都代表了中国新型教育智库的建设要求，应该成为当下不同类型和层级的教育智库转型升级的方向和目标。

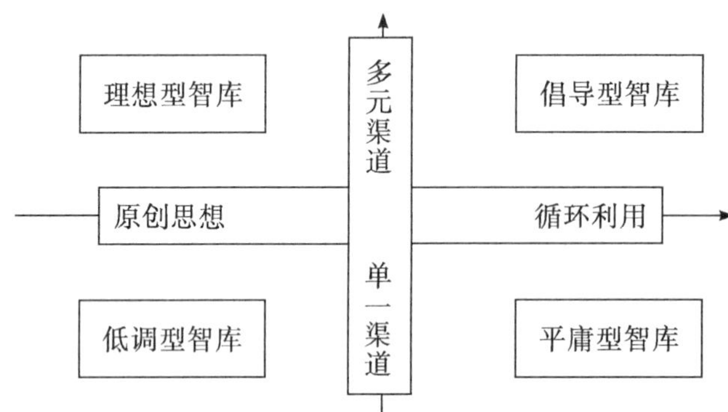

图 4－3　新型教育智库的二维分类示意图

第五章　A、B、C 型教育智库治理机制的个案研究

笔者在第一章归纳了新型教育智库相互独立又相互支撑的内外部治理机制，这些治理机制是否能够有效地促使新型教育智库有能力充分履行其职责。如何对这些内外部治理机制进行最优的设计以及根据具体情况如何有效实施，仍然需要研究实际案例来进行检验和修正。

一、领先决策者半步之遥：A 型智库治理机制研究

（一）A 型智库基本情况

A 型智库是为了适应教育事业改革、发展需要，在 20 世纪 80 年代中期成立，主要研究宏观教育决策咨询的研究机构。该智库成员中，有事业编制者 35 人，现有研究员 8 人，副研究员 10 人，其中拥有博士学位者 8 人。该智库设立专家咨询委员会，由国内外知名专家学者组成，也聘请数十位有影响力的中青年学者为兼职研究员。

A 型智库的主要职能是开展国家教育发展战略和体制改革的重大决策研究，承担国家哲学社会科学和部委级的重点研究课题，重点研究教育与经济社会发展的关系、教育宏观结构体系调整与体制创新，进行国际教育政策比较研究及与国际组织合作研究，追踪和分析教育政策热点问题，为高层政府教育改革、发展重大决策的制订提供理论参考和咨询服务。

A 型智库内设有教育发展战略研究部门、教育体制改革研究部门、比较教育研究部门、基础教育研究部门、高等教育研究部门等 5 个教育领域的研究部门。自成立以来，该智库参与了党中央、国务院、教育部许多重大决策的调研、起草工作，包括改革开放以来三次全国教育工作会议主要文件——

《中国教育改革和发展纲要》（中发〔1993〕3 号）、《关于深化教育改革全面推进素质教育的决定》、《国家中长期教育改革和发展规划纲要（2010—2020 年）》。该智库主导起草国务院批转教育部的《面向 21 世纪教育振兴行动计划》和《2003—2007 年教育振兴行动计划》，重点参与历届全国教育事业发展五年规划纲要及部委级教育战略、政策措施、项目工程等调研论证工作，为提高教育决策科学化、民主化水平做出积极贡献。该智库编辑出版《教育机构体系研究》等近百种学术专著和论文集，编印内参刊物，为宏观教育政策研究做出显著贡献，多次荣获国家社科基金和全国教育科研优秀成果奖。

A 型智库同多数省、自治区和直辖市的教育行政部门，众多的科研机构、学校、企业及社会团体建立了不同方式的研究合作关系，初步形成了外部研究交流与专家咨询网络，经常开展专题调研，召开各类国际国内研讨会，举办短期培训活动，为地方政府决策和学校管理提供多方面咨询服务。在与知名大学等建立协同创新关系的基础上，其还将不断地拓展合作领域和范围。该智库按照上级政府部门的要求，与联合国教科文组织、联合国儿童基金会、联合国开发计划署、世界银行、经济合作与发展组织、亚洲发展投资银行、欧盟、亚欧会议等国际（区域）组织及十多个国家的教育科研机构发展了交流合作关系，先后承担了向国际组织提交中国国家教育报告、全民教育评估报告、全纳教育报告、扫盲教育报告等撰稿工作，并参与各种合作研究项目及国际研讨活动。

A 型智库认为它自身是一种主要从事战略和政策研究的公益机构，显然对政府的依附没有成为它拒绝成为智库的理由，恰好是依附于政府的财政投入才有了稳定的保障，才能稳定而持续地成为权力与知识之间的桥梁。该智库虽然具有半独立性质，但没有影响到其对教育公共利益的追求，没有自身的特殊利益诉求。该智库很清楚自己的历史使命：成为治国理政的高端智力研究机构，在推进国家教育治理体系和教育治理能力现代化、提升国家教育软实力过程中发挥十分重要的作用。该智库也清醒地认识到这类事业单位型教科研机构设置的初衷是主要为政府教育决策服务的，是有理论深度的“秘书处”。这类智库一般来说不对直属政府部门外的其他机构如非营利组织、其他政府部门、媒体、企业等负责出谋划策。即使有个别智库的专家参与了本职工作外的智力活动，那只能算个体的业余公益劳动，不是智库本身的要求。这是目前政府依附型或者事业单位型教育智库面临的共同问题，与新型教育智库的要求还有很大的差距。

就角色定位而言，A 型智库在提供备择咨政方案方面做得可圈可点。应该说该智库提供的备择政策文本大多达到了理论性与实践性的高度统一，尤其是该智库注重田野调查与数据统计相结合研制教育政策方案的方法，不逊于国际一流教育智库。相比国内目前大多数教育智库或者片面注重抽象的理论归纳，或者片面注重数据细节的精准，其可谓是走在了前沿地带，成为引领者和示范者，较好地阐释了新型教育智库的教育决策服务职能。在搭建交流平台方面，该智库虽然也能“广聚政府、学校和社会各方教育科研专家的智慧”，但距离新型教育智库的交流角色甚远。根据智库精英理论，如果政策文本的研制只是专家智慧的聚合，代表的只是精英阶层的意见，而非广泛的民众意见，采取的仍是大学教授“象牙塔式”的做学问方式，那就不是新型教育智库的工作方式。教育政策的一致意见如果要被达成，前提是要形成“纳什均衡”。要形成“纳什均衡”，就必须让教育政策规制的各种利益相关者及其代表进行博弈，形成利益聚合，因此仅有专家的精英意见，还是远远不够，这也是为什么当前的很多教育政策“看上去很美”，但缺乏了公众的广泛参与，尤其利益相关者的缺失，就会造成教育政策往往难以被自发执行。据此来看，该智库在搭建交流平台、发挥利益调解作用方面仍待加强。在监护教育公益方面，该智库做得较好。由于财政受制于政府，有了稳定的经费来源，该智库不需要向市场或某些利益集团做出某些让步以换取资助维持生存。该智库虽然是事业编制和从属于政府管理，但并不是政府的组成机构，因而也具有很大程度的独立性。当然，这个独立性和智库领导人的影响力呈正相关关系。该智库的首任领导因为具有较大的国内外的学术影响力，为该智库以后的生存发展塑造了较为独立自主的工作环境和氛围。该智库基本上能够秉持客观的、实事求是的立场进行研究，避开了利益集团的不当干扰，能够代表党和人民的利益。

就提供的智库产品而言，A 型智库在提供政策规划、政策分析、政策建言、政策咨询等产品方面非常出色。但该智库在提供政策辩论、信息交流等产品方面尚待加强。尽管该智库也举办研讨会之类具有政策辩论性质的会议，但主要局限于专家共同体内寻求共识，辩论的目的不再像韦登鲍姆认为的提升对社会重大议题的全国性讨论的高度和深度。因此该智库在有序引导公众参与共同的对话，参与共同决策，凝聚民间智慧，完善政策方案，疏导社会压力上有待改进。同样，信息交流方面，该智库虽然根据上级要求建立的数据库，但数据采集不滚动，系统的储存数据不足，智库内共享都没做到，更不要说向不同领域的研究人员和公众开放信息服务了。因此，作为志在成为国家高端智库的该智库需要在提供政策辩论和信息交流的产品上下功夫。

就职能发挥而言，A 型智库在政策预警（该智库能够“领先政府决策者

半步之遥”)、咨政建言、政策评估、舆论引导等四种职能上履行得较好，尤其是在舆论引导方面值得肯定。该智库作为依附政府高层的教科研机构，承担国内教育政策宣传工作是题中之意。该智库的一个专家说：“我们经常针对当前教育热点或难点问题，根据上级领导的要求，会在《中国教育报》等媒体上进行回应和发声，释疑解惑，引导和塑造正确的教育舆论。”

A 型智库在交流平台、储备人才、第二外交等三种职能上有待加强和改进。储备人才方面，该智库由于成立时间短，又刚刚起步，在内部人才培养机制和体制方面有待完善。该智库虽然设立了专家咨询委员会，但委员们大多不是本智库的常驻人员，只是偶尔和临时为该智库效力。国外专家或国内访问学者的常驻在目前更是亟待取得突破。第二外交方面，应该说该智库还是发挥了一定的作用。但在世界教育政策市场上，该智库无论是在构建共享语汇与共有意义，催生新的对话机制，增加互信培育合作方面，还是在代表中国教育形象，参与全球教育治理，引领世界教育舆论或者向其他国家提供中国教育的理念、主张和方案方面都做得远远不够，也就是说该智库的国际影响力有待提高。

根据图 5 -1 所示的 A 型智库的二维分类示意图，不难判断该智库位于第二、第三象限交叉处，归属于半低调半理想型智库。在原创思想—循环利用维度上，该智库致力于教育原创思想的生产，达到了智库“思想工厂”的本质要求；在多元渠道—单一渠道维度上，该智库主要通过内部刊物及副刊等“内参”系统咨政建言，其内部某资深专家指出在“沟通民意、启发民智”方面有待加强。该智库国际影响力不大。高端新型教育智库应当是理想型智库，既要致力于原创思想的生产，也要关注外部渠道的宣传和引导。A 型智库既然定位于国家高端智库，那么就应当加大在国内外的宣传、推广力度，以增强其影响力。

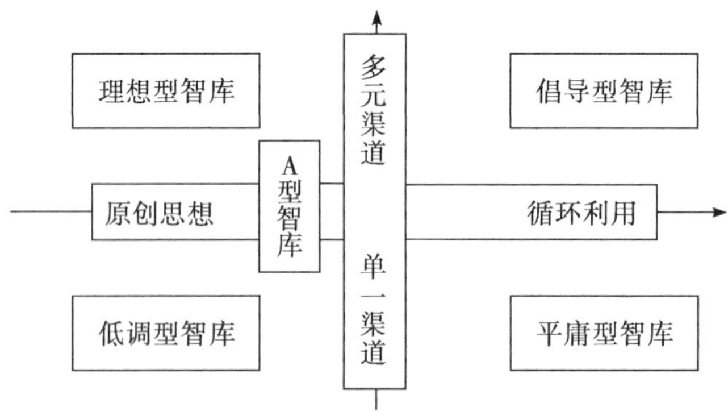

图 5 -1　A 型智库在二维分类示意图中的位置

（二）A 型智库治理机制透析

1. A 型智库治理机制的特点透析

（1）政府分权和授权。

A 型智库层级较高，在教育决策中扮演“秘书处”的角色，得到了政府的授权，因此其参与决策权具有保障。A 型智库聚集了国内一流的教育思想家和实践者，因而其专业水准媲美国际高端教育智库。A 型智库能够承担起和接得住上级的授权，能够获得研制政策方案所需要的资源，并能对供给的政策方案负责。

A 型智库的一位负责人如是说：“每年岁尾年初，我们会去找教育行政部门相关工作人员一起坐下来谈谈来年可能要做的工作，共同协商来年要做出决策的重大教育事项。一般情况下由我们预测来年的重大问题，征求行政部门的意见后，我们会把这些重大教育事项分门别类地委托给内部不同部门进行研究，遵循时效性原则，被委托部门及时向他们（教育行政部门）提供研究成果。”

（2）治理主体。

政府是 A 型智库的监管者，而 A 型智库是政策方案的承接者。媒体偶尔会参与监管治理，但评估主体及行业协会缺失，治理主体不够多元化。尤其评估主体的缺失，可能导致 A 型智库供给思想产品的能力下降。媒体在传播教育政策理念方面也有待加强。谈到这一问题时，A 型智库的一位研究员认为他们智库与专业媒体是这么沟通的：“上级发现了一些教育热点问题，要求我们组织专家对此做出回应，或者我们发现了某些教育热点，感觉到有必要进行回应，就请示上级，得到肯定答复后，就会组织专家撰稿，然后再联系教育媒体及时发表以进行舆情引导。”

（3）主体间互动。

A 型智库与政府的互动比较顺畅，信息沟通基本无阻。A 型智库与媒体也能建立良好的互动关系，能够借助主流媒体对当前的教育热点和难点进行回应。上述主体之间基本能够相互依赖、相互支持。由于评估机构的缺失，A 型智库与评估机构之间几无互动。“我们和第三方评估机构没有过接触，你能告诉我目前有哪些知名的第三方评估机构吗?”A 型智库一位负责人如是反诘。

（4）自治网络。

自治网络没有形成，政府监管有待完善，评估主体缺失，A 型智库需要向理想型智库转型升级，媒体的议程设置能力有待提高。目前初步出现了自治网络的轮廓，与雏形还有一段距离，与形成成熟的、多方合力的自治网络距离更远。在政策研制过程中，A 型智库会充分地调研，举办座谈会，邀请有关代表参加，认真听取他们的意见和建议。该智库研制的政策草案一般也会平衡地吸收各方有益的意见，目前还只是智库与官员、部分公众代表等相关主体参与政策协商。

（5）治理手段。

对政府而言，目前的治理手段主要还是采取行政手段，但已经尝试使用合同契约、引进竞争等手段。A 型智库主要在内部采取科层制的控制手段，而绩效管理手段有待提升。媒体主要采用市场手段参与治理。整体而言，法律手段的运用有待加强。

2. A 型智库治理机制的内外部视角透析

如前所述，智库内部治理机制的视角主要研究智库主体如何有效运作，充分发挥其应有的功能作用。智库外部治理机制的视角主要研究政府制度如何有效供给，使得自治网络中政策共同体按照规则明确进行互动，谋求帕累托最优。

（1）A 型智库主体有效运作的治理机制透析。

①法人治理结构。事业单位性质的新型教育智库要建立党委领导下的院（所）长负责制，形成院（所）长统一领导、党支部监督保证和职工民主参与的权力分配与制衡结构。经过访谈和各种记录资料发现，该 A 型智库存在的问题主要如下：党组织没有充分发挥政治引领作用，对该智库长远发展缺乏谋划；职工民主参与实效性不强；等等。

其实这也是目前大多事业型教科研机构的共性问题，因此在走向新型教育智库的过程中，首要的是健全法人治理机构。

②科层制组织管理。从调研材料来看，该智库还是参照政府的科层制管理，没有建立符合智库特点的组织管理模式。其他国家的高端智库大多采取的是矩阵式组织管理模式，可以说矩阵式的组织管理已成为高端智库的通用模板。

③团队领导者。“团队领导者的职责主要有保证员工积极高效地投入生产，维持催人奋进的工作氛围，保证研究报告的高质量，为高层决策献计献策，寻求和开拓新的研究项目等。”公平地说，该智库有几位优秀的团队领导者和国外高端智库的团队领导者只做管理工作不同，这些人还是精英研究者，都在教育的某一领域卓有建树，在理论与实践的无缝对接上处于国内顶尖水平。如何把这些人打造成国际知名专家，在国际舞台上发挥作用，乃是

该智库下一步人才队伍建设的重点所在。

④专家分类管理机制。国际上的高端智库通常拥有政界、商界、学术界、媒体界的顶尖专家，尤其是倡导型智库更是把媒体界的专业人员视为“镇库之宝”。该智库最初并不是按照智库的标准和特点建设的，其主要职能是对内向上服务政府。因此该智库主要拥有的是进行思想生产的专家，因而没有建立政界、商界、学术界、媒体界的专家分类管理机制。要成为名副其实的国家高端智库，其内部必然进行人才队伍的机制创新，需要政界、商界、学术界、媒体界等“猎头”加盟，以保障其职能的充分发挥。同时，该智库应建立起针对来自政界、商界、学术界、媒体界不同专业的人员的分类管理机制，以更好地激发和发挥人力资源的作用。

⑤分类绩效考核制度。要建立专家分类管理机制，相应地就需要建立分类绩效考核制度。A 型智库是事业单位性质，虽然也实行了绩效考核制度，但在利益分配方面，不同程度上存在权力主导的分配，甚至出现平均主义现象，这需要根据新型教育智库的分类管理机制特点，健全分类绩效考核制度，保障人尽其才、才尽其用、各得其所、优绩优酬。

⑥教育研究成果评价和应用转化机制。A 型智库在教育研究成果评价和应用转化方面总体做得还不错。内部资深专家或团队领导者（精英专家）会对年轻的研究人员进行帮助和指导，以保障研究成果的质量。其研究成果经该智库负责业务的领导和领导班子集体讨论、审核和审定通过后才能上报。在应用转化方面，该智库编辑出版近百种学术专著和论文集，促进研究成果的转化，并提升了机构的影响力。这对建立新型教育智库在高级研究人员考察、引进和培育方面的工作深有启发。

⑦政策企业家。政策企业家就是能够影响和改变政府教育决策的人。一般而言，主要指智库领导者和精英教育政策分析师（研究员）。A 型智库的领导者在业内较有名望，多次参加国家教育政策文件的起草，该智库也有 1 ~ 2 位在国内比较有影响力的精英研究者或者说首席专家，数量虽不多，但基本上能代表国内教育政策研究的前沿水平。政策企业家与团队领导者不同，政策企业家除了具备领导管理能力，还要拥有“改变政治风向”的能力，能够促成某项重大政策转变。这也是新型教育智库要重点培养的对象。

⑧议程设置。作为政府部门的附属机构，A 型智库每年都会与政府部门磋商起草工作计划，确定年度研究的重点课题和产出成果形式，最后形成一份双方一致认可的工作计划和研究议程。即使是优先考虑政府部门的决策需求，由于决策部门的理性程度较高，它还是拥有较强的自主安排研究议程的能力。

（2）A 型智库政府制度有效供给的治理机制透析。

针对 A 型智库的外部治理机制，该智库的一位资深专家指出：“目前教育智库之间还没有形成相互竞争的关系，政府缺乏制定积极鼓励的政策，教育智库本身缺乏有影响力的成果。建议政府考虑如何把全国教科院所联合起来做大做强。”

A 型智库认为，新型教育智库政府制度有效供给的治理机制存在以下突出问题：①没有建立智库及智库专业人员的准入标准设定；②没有完善的重大决策问题外包的招投标机制；③没有建立重大备择咨政方案的问责制，未能发挥智库行业的中介作用，未能建立符合智库特点的经费管理制度等，尤其是科研经费重“砖头”轻“人头”，导致研究人员的积极性不高，教育智库的活力不足。这些问题亟待解决。

（三）A 型智库治理机制的研究结论与启示

A 型智库尽管附属于政府部门，但仍具有较为相对独立的议程，甚至能够在议程设置方面“领先政府半步之遥”，彰显其强大的对决策部门的政策影响力。该智库在国内学术界和教育媒体界也具有强大的影响力，这些都是值得肯定的。正如上述分析的那样，该智库法人治理机构有待健全，没有建立起符合智库工作特点的组织框架，没有形成多方合力的自治网络，国际影响力亟待加强，事业单位具有的“大锅饭”弊端等阻碍了其进一步转型升级为理想型智库之路。总之，从 A 型智库治理机制的研究中获得的启示主要有以下三点。

第一，作为高端教育智库，必须具有对决策者的强大影响力，要能成为决策者的重要依托，成为决策者前行的“导师”或者咨政建言的“国士”。必须有健全的内部治理机制作为保障，才能“有库有智”。

第二，作为高端教育智库，必须在学术界及专业媒体界具有强大的影响力，能够具有被学术界交口赞誉的口碑，甚至有引领学术界研究潮流的影响力，能够代表教育领域的前沿研究方向。在专业媒体界具有强大的影响力意味着能够引导国内教育舆论健康发展和理性表达，成为意见和对话的交流平台，成为教育政策协商民主的推进者。

第三，作为高端教育智库，必须追求相对独立的研究议程，能够沉下心，弯下腰，慢功夫，出细活，成为党和政府教育政策决策的“定海神针”。为此要敢于和善于打破束缚高端教育智库发展的陈规，建立起高端教育智库主体有效运转的治理机制和政府制度有效供给的治理机制，助推国家教育治理能力和治理体系的现代化。

二、能为决策者服务：B 型智库治理机制研究

（一）B 型智库基本情况

同 A 型智库相比，B 型智库成立时间也不长。但与 A 型智库不同，B 型智库主要定位于为地方教育发展服务。其现有职工 150 人，拥有高级专业技术职称者占 50% 以上，拥有博士学位者占 8%，拥有硕士学位者占 55%，特级教师 10 人，享受政府特殊津贴专家 4 人。该智库近年获得教育部高等学校科学研究优秀成果奖 1 项，国家级教学成果奖一等奖 1 项、二等奖 3 项。这些成绩在全国教科研机构中名列前茅。其主要任务是：开展教育宏观决策研究、教育教学研究、教育理论研究；加强对教育科学、教学研究的领导和管理；为政府教育行政部门宏观决策以及学校管理提供服务，为提高学校的教育教学质量提供服务。其近年来承担了数百项重点课题和项目的研究任务。该智库先后深度参与《B 市"十三五"时期教育改革和发展规划》《B 市教育现代化 2030》《B 市建设学习型城市行动计划（2016—2020）》等重大规划类文件的起草工作；主动开展"进城务工人员随迁子女接受义务教育后的教育问题"等社会热点话题的调研工作；承担并完成上级政府相关部门委托的决策项目。截至 2016 年，该智库公开发表学术论文 450 多篇（其中核心期刊 120 多篇）。该智库既有教研员也有科研员，二者比例接近 1∶1，由教研室和教科所两类机构合并而成，能够典型地代表地方教科院所的发展情况。

B 型智库设置的部门主要有教育发展研究部门（主要负责规划）、学前教育研究部门、基础教育研究部门、基础教育教学研究部门、基础教育课程教材发展研究部门、教育督导与教育质量评价研究部门、职业教育与成人教育研究部门、职业教育与成人教育教学研究部门、民办教育研究部门、教育信息机构、德育研究部门、教师研究机构等。该智库设置的特点是教研系列的部门和科研系列的部门同时并重。教研部门主要负责教学服务，科研部门主要负责决策服务。二者既有分工也有合作，协同联动，共同致力于促进地方教育发展。该智库日常业务范围主要是承担主管部门委托的科研项目和提供决策的备择方案，提供中小学骨干教师培训，开展教研员和科研员的培训，学校管理改进指导，为下级行政部门提供咨询活动，承担课题项目研究，编辑实时教育要闻并通过内参方式呈送上级审阅等。该智库建立了人员

分类考核机制，注重成果意识，关键看四个影响力，即学术影响力、实践影响力、政策影响力和市场影响力，综合考虑和判断工作绩效。该智库对科研人员的考核侧重于论文和政策影响力；对教研员的考核侧重于课堂指导、教学分享和撰写与教育教学有关的指导文件能力，侧重实践影响力；对企业人员（该机构有下属的出版机构等）的考核更侧重于市场影响力和盈利能力。该智库承认还没有形成自己专属的数据库，目前还没有把分散到各部门的信息和数据整合起来形成有序和完整的数据库。

B 型智库经过多年的发展也积累了可资借鉴的治理经验。

第一，注重团队建设。第一轮团队建设工作于 2010 年启动，重点扶持 10 个单位，资助 5 年，每年资助 20 万元，成效明显，形成了具有国际水准的教育评估团队、拔尖创新人才研究团队、引领全国的可持续发展项目，基于大数据的录像分析系统的教研模式团队及闻名遐迩的班主任研究团队等。

第二，注重项目引领。从 2010 年开始，该机构主要依靠本院的科研力量，每年集中攻关一个重大研究项目，目前已经开展了五项，每年编辑出版一本研究专著。这些项目的设置都契合了本地教育发展的实际需要或未来需要以及围绕教育决策的热点难点展开，项目之间具有内在逻辑严密性和递进性，通过项目引领的方式，层层逼近和梯次推进教育内涵发展。通过项目引领，其教育研究和发展一直保持台阶式上升的领先优势。

第三，注重人才培训。该智库提出“做更好的科研，做更好的服务”，通过研修培训、读书活动、研究方法提升等方式提升教科研人员素质，教科研人员素质提高了才能保障服务教育决策的质量。

第四，注重统筹资源。该智库先后设立了可持续发展教育研究部门、国际教育信息研究部门、WTO 教育服务研究部门等虚实结合的平台，利用这些平台，可以统筹外部资源为自己所用，在某些教育领域起到话语权掌控及积极发声的功效，扩大了智库成果的传播和转化。

第五，注重创新驱动。该智库坚持以科学咨询支撑科学决策，以科学决策引领科学发展，以科学成果指导教育实践，以教育实践创新区域发展。尤其是采用基于证据的教研，用证据验证和解释假说，用缜密的研究方法推动教研发展，有力地促进了区域教育的深层变革和进步。

作为地方性教科研机构，B 型智库认为所谓的智库就是为教育决策服务，为学校发展服务，为教师发展服务。B 型智库与前面分析的 A 型智库很不同，A 型智库纯粹是由科研员组成的机构，是真正意义上的纯教育政策研究机构，与国际上的智库的外延比较一致。但 B 型智库除了有科研员，还有同比例的教研员。这些教研员的主要任务不是进行教育政策的研制，而是指导课程与教学发展、教师专业发展等。但他们也是智库的组成人员，而且全国 2000 多所教科院所中，大部分是由教研员或者类同教研员的专业人员组成。他们的主要任务和使命是为地方中小学课程教材改革，课堂教学研究，教材编写，教学教改经验总结，教学软件、教具、学具的开发及教师培训服务。这类人员构成与国外教育智库主要由来自政界、商界、学术界、媒体界的专业人士构成非常不同。笔者认为这是中国特色新型教育智库比较特殊的地方。其实这也涉及新型教育智库提供的产品，以下还会再次剖析这个问题。

就角色定位而言，B 型智库在提供备择咨政方案方面做得很出色，已成为地方教育行政部门可信赖和可依靠的政策“助手”角色，成为地方教科院为决策服务的引领者和示范者，较好地诠释了新型教育智库的教育决策服务的职能。在搭建交流平台方面，该智库虽然每年也举办很多场学术研讨会，但是主要目的是聚合院内专家的智慧，还没达到新型教育智库的交流角色定位的高度。如前所述，教育政策的一致意见如果要被达成，前提是要形成“纳什均衡”。要形成“纳什均衡”，就必须让教育政策规制的各种利益相关者及其代表进行博弈，形成利益聚合。因此，仅有院内专家的意见，甚至再加上行政部门的智慧，仍然不足以解决全球化时代的诸多教育难题。该智库在搭建交流平台、有序引导区域利益相关者参与意见表达和利益调解方面有待加强。在监护教育公益方面，该智库做得较好。由于该智库与地方教育行政部门互动良好，相互尊重和借重，所谓的“相互施肥”，尤其是该地方教育财政经费充足，不需要向市场或社会筹资谋取生存，从而实现了财政的自主性，财政的自主性又保障了研究的独立性。该智库的一个主要负责人说：“接受地方教育行政部门委托项目较多，数额较大，动辄数百万元的项目很常见，甚至出现了本机构研究人员不愿意承担国家级别课题（国家级课题一般也就为 20 万元左右，而且要求发表的论文档次较高，难度颇大）的情况。”

作为地方性教科研机构，首要的责任是解读和落实上级教育政策精神；然后才是结合本地实际情况，在不违背上级教育政策的原则下做出创新性的执行方案和细则。由于不需要从体制外获取生存资源，一般的利益集团也很难影响它们的客观性，因而在研制地方性教育政策方案时一般来说能够做到代表党和人民的利益。

就提供的产品而言，B 型智库提供的不仅是能对决策者造成影响或改变的公共产品，还能提供对学校管理者、教师等造成影响或改变的公共产品。从B型智库来看，新型教育智库提供的公共产品除了包括政策规划、政策分析、政策辩论、政策建言（咨政方案）、政策咨询、信息交流等之外，还应该包括学校发展、教师发展等公共产品。B型智库在提供政策规划、政策分析、政策建言、政策咨询等产品方面非常有效。尤其在提供学校发展、教师发展的产品方面（学校发展诊断与规划、骨干教师培训、高考中考备考指导、教研员培训等）非常出色，在全国都有示范和引领意义。但该智库同A型智库一样在提供政策辩论、信息交流等产品方面尚待加强。该智库不曾举办过政策辩论会，这也是全国教科院所都存在的问题，因为该智库设立的初衷是对内为政府服务的，需要向新型教育智库转型。该智库举办学术研讨会也主要局限于院内专家共同体内寻求共识，没有引导本区域的公众有序参与政策谈论和反馈。因此该智库在有序引导公众参与共同的对话、参与共同决策、凝聚民间智慧、完善政策方案、疏导社会压力上有待改进。同样，在信息交流方面，该智库还没有形成自己专属的数据库，目前还没有把分散到各部门的信息和数据整合起来形成有序和完整的数据库。其连智库内共享都没做到，更不要说向不同领域的研究人员和公众开放信息服务。因此，作为志在成为国家高端智库的该智库，需要在提供政策辩论和信息交流的产品上精准发力，迎头赶上。

就职能发挥而言，B型智库在政策预警、咨政建言、政策评估三种职能的履行方面做得较好，尤其是在咨政建言方面，对地方教育行政部门影响最大；而在舆论引导、交流平台、储备人才、第二外交等四种职能上有待加强和改进。B型智库和全国绝大多数教科研机构一样主要是体制内运转，几乎没有动力外树形象以赢得生存和发展，因此在宣传和设置教育议题方面该智库并未给予应有的重视，因此舆论引导职能有待强化。交流平台存在的问题前面已经分析过了。至于人才储备方面，该智库由于成立时间比较短，在内部人才培养机制和体制方面有待完善。至于第二外交职能，通过开展第二外交参与全球教育治理，引领世界教育舆论或者向世界提供中国教育的理念、主张和方案，不仅是国家高端教育智库的一项重任，也是有条件的地方性教科研机构不可回避的时代赋予的一项重任，更是落实“一带一路”倡议中教育蓝图的重要依托。该智库尽管与联合国教科文组织等国际组织有一些往来，并提升了知名度，但还是未能发挥应有的作用。该智库的一位负责人如是说：“我们受到了出国审批难的制约，智库的国际化发展受到了较大的影响。自2010年以来，我院出国人数从每年70~80人锐减到20~30人。”

根据图 5－2 所示的智库的二维分类示意图，B 型智库位于第三、第四象限交叉处，归属于半低调型半平庸型智库。在原创思想—循环利用维度上，该智库虽然致力于教育原创思想的生产，但从其科研成果来看，整体上没达到智库“思想工厂”的本质要求；在多元渠道—单一渠道维度上，该智库主要通过内部刊物《教育快报》等“内参”系统咨政建言，不太注重社会宣传和舆论引导。笔者认为新型教育智库不一定都要成为理想型智库，倡导型智库和低调型智库也是所需要的新型教育智库类型，但一定不能成为平庸型智库。美国高端智库比较符合理想型智库的特点，而加拿大高端智库大多属于低调型智库。作为地方性教科研机构，如果只是致力于原创思想的生产，且能对决策者造成改变，成为低调的思想工厂，也是可喜的。或者如果仅仅是对原有思想的循环利用，且利用得当和能解决当地实际教育政策难题，成为倡导型智库，也是一种不错的选择。而如果地方性教科研机构条件允许，资源充足，成为既要致力于原创思想的生产，也要关注外部渠道的宣传和引导，积极参与全球教育治理，向世界讲述中国故事的理想型智库，当然是最好的了。仅就 B 型智库而言，它虽然是地方性的教科研机构，凭借其独特的资源条件，打造成走向世界的理想型智库。该智库的一位负责人如是说：“只有国际的，才是我们的。”

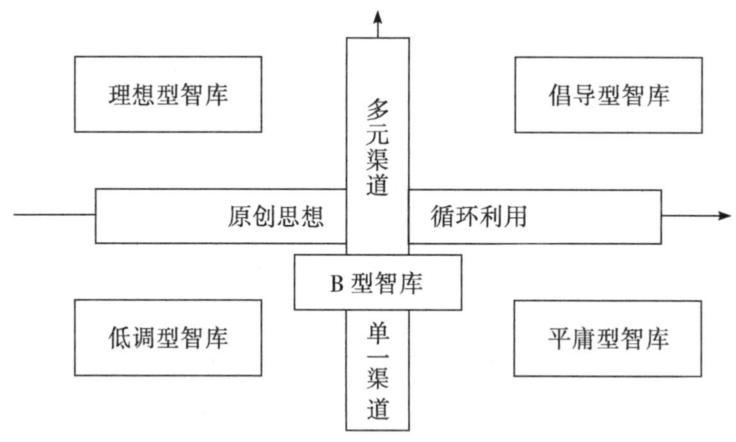

图 5－2　B 型智库在二维分类示意图中的位置

（二）B 型智库治理机制透析

1. B 型智库治理机制的特点透析

（1）政府分权和授权。

B 型智库属于地方性教育智库，在教育决策中担任“助手”角色。同 A

型智库一样，其决策权具有保障。由于其与服务的决策部门平级，其参与教育决策是一种分权。地方性教育智库很少得到这种分权“待遇”。B 型智库地处国家中心城市，聚集了国内优秀的教育思想家和实践者，因而其专业水准在国内是一流的。B 型智库也能够承担起和接得住平级政府的分权，能够获得研制政策方案所需要的资源，并能对供给的政策方案负责。

（2）治理主体。

同级政府是 B 型智库的监管者，B 型智库是政策方案的承接者、服务学校发展方案的研制者，媒体很少参与监管治理，同样评估主体及行业协会缺失，治理主体没有多元化。尤其评估主体的缺失，同样可能导致 B 型智库供给思想产品和服务学校的能力下降。媒体在传播教育政策理念方面的作用也有待充分发挥。

（3）主体间互动。

同 A 型智库一样，B 型智库与政府的互动比较顺畅，信息沟通基本无阻。B 型智库与媒体能建立较好的互动关系，能够借助主流媒体对其服务人群关心的教育热点和难点进行回应。上述主体之间基本能够相互依赖、相互支持。同 A 型智库一样，由于评估机构的缺失，B 型智库与评估机构之间没有互动。

（4）自治网络。

同 A 型智库一样，B 型智库的自治网络也没有形成。同级政府对 B 型智库监管比较到位，B 型智库的自治能力较强，但评估主体缺失，媒体的议程设置能力有待提高。同 A 型智库一样，B 型智库初步出现了自治网络的轮廓，与雏形还有一段距离，与形成成熟的、多方合力的自治网络距离更远。

（5）治理手段。

针对同级政府而言，目前的治理手段主要还是采取行政手段与合同契约、引进竞争等手段相结合。B 型智库主要在内部采取科层制的控制手段，绩效管理手段初见成效，但仍有待提升。媒体主要采用市场手段参与教育智库的治理。同 A 型智库一样，B 型智库对法律手段的运用有待加强。

2. B 型智库治理机制的内外部视角透析

（1）B 型智库主体有效运作的治理机制透析。

①法人治理结构。事业单位性质的新型教育智库要建立党委领导下的院（所）长负责制，形成院（所）长统一领导、党支部监督保证和职工民主参与的权力分配与制衡结构。笔者经过访谈和各种记录资料发现，该机构党政领导人合一导致了过于沿袭科层制管理模式，职工民主参与不足或者流于形式。因此，B 型智库在走向新型教育智库的过程中必须健全法人治理机构。

②科层制组织管理。从调研材料来看，该智库同 A 型智库一样还是参照政府的科层制管理，没有建立符合智库特点的组织管理模式。世界上高端智库大多采取的是矩阵式组织管理模式，而 B 型智库没有采用矩阵式的组织管理模板。

③团队领导者。如前分析，“团队领导者的职责主要有保证员工积极高效地投入生产，维持催人奋进的工作氛围，保证研究报告的高质量，为高层决策献计献策，寻求和开拓新的研究项目等”。该智库与 A 型智库不同，相对缺乏优秀的团队领导者。和国外高端智库的团队领导者只做管理工作不同，B 型智库的团队领导者往往也是精英研究者，在教育的某一研究领域取得出色成绩。B 型智库显然需要加强团队领导者的培养，当然这也是国内大多数教科研机构往往都存在的“中层塌陷”问题。

④专家分类管理机制。同国际上的智库通常拥有政界、商界、学术界、媒体界的专业人士不同，B 型智库还拥有相当数量的教研员，这些人主要在学校层面发挥影响力。该智库目前建立起来的分类管理机制比较符合其当前发展的实际需要。从长远来看，要成为国家的高端智库，必然要进行人才队伍的机制创新，以保障其职能的充分发挥。同时该智库要完善包括来自政界、学术界、媒体界、教研员等不同专业的人员在内的分类管理机制，以更好地激发和发挥人力资源的作用。当然，不是所有的地方性教育智库都如此，要因地制宜，灵活权变。

⑤分类绩效考核制度。该智库目前建立分类绩效考核制度，只是适应事业单位性质的特点，并不适合国家高端教育智库的定位需要，因此还需要完善包括来自政界、学术界、媒体界、教研员等不同专业的人员在内的分类绩效考核制度，实现来自各界的人尽其才、才尽其用、各得其所、优绩优酬。

⑥教育研究成果评价和应用转化机制。同 A 型智库一样，B 型智库在教育研究成果评价和应用转化方面做得还不错。内部资深专家或团队领导者（精英专家）会对年轻的研究人员进行帮助和指导，以保障研究成果的质量。其研究成果经该智库负责业务的领导或领导班子集体讨论、审核和审定才能上报。该智库也编辑出版《地方教育年度报告》《协同创新报告》及几十种学术专著和论文集。

⑦政策企业家。同 A 型智库不同，B 型智库政策企业家数量极少。主管业务工作的领导者主要关注研究，敦促院内专业人员提升素质，加强基础能力建设，而不是培育和鼓励院内专家积极发声，投入时间和精力向公众或决策者“兜售”自己创新的政策理念并力图将其转变为新的决策方案。智库毕竟是跨界组织，仅仅关注学术是不够的，否则就只是学术研究中心。这不是

B型智库一家的问题，它实际上与新型智库建设刚刚起步、目前还处于探索阶段有关。

⑧议程设置。由于B型智库是接受政府委托开展政策研究的，因此是政府决策的有力助手。该智库每年都会和政府部门进行磋商，确定年度委托研究的重点课题，优先考虑政府部门的决策需求，结合智库专家的专长，能够达成比较一致的研究议程和主题。同A型智库一样，B型智库的议程设置的自主能力比较强。

（2）B型智库政府制度有效供给的治理机制透析。

B型智库同A型智库政府制度有效供给的治理机制视角反映出来的问题一致的地方在于：没有建立智库专业人员的准入标准设定；没有完善的重大决策问题外包的招投标机制；没有建立重大备择咨政方案的问责制；未能发挥智库行业的中介作用；未能建立符合智库特点的经费管理制度等。不同于A型智库的是，B型智库担心国际化的问题，由于参照公务员管理，使得出国审批难成为其迈向高端智库的一个突出的障碍。

（三）B型智库治理机制的研究结论与启示

B型智库能够获得相对独立的研究议程设置，在于其行政级别与其服务的决策部门平级并密切相关。B型智库能够为政府所用，所倚重，所信赖。B型智库不仅有科研员，还有国外教育智库所没有的教研员，服务学校与服务决策并重，这是地方性教育智库应有的典型特点。该智库同样没有形成自治网络，同样体现出了事业单位的层级管理弊端，反映出地方性教育智库国际化发展遇到审批难的共性问题。

从B型智库治理机制的研究中可以获得的启示主要有以下三点。

第一，一定的行政级别对于体制内教育智库来说非常重要。这个发现与当前学术界呼吁的废除教科研机构的行政级别诉求相反。如果一个教育智库没有一定的行政级别（至少与其服务的主管部门同等级别），不仅难以保持相对的研究议程设置的自主权，而且往往沦为政府的“附庸”。没有与其服务的决策部门同等的级别，B型智库就不可能获得与其服务的决策部门平等对话的条件。

第二，加强智库的基础能力建设是地方性教育智库转型为新型教育智库的关键，是推动内部治理机制健全的保障。加强基础能力建设不仅指加强学术研究能力，使得其所提供的咨政产品建立在充分的扎实的证据基础上，也不仅仅是强调提高教学指导能力和服务学校发展能力，而且包括成为扩大地方教育民主决策的促进者，成为党和国家教育政策的传播者，甚至沿边沿海的地方性教育智库还承担配合"一带一路"倡议的重任，积极开展第二轨道外交，传播中国教育故事，具有助力"一带一路"沿线国家教育发展的能力。

第三，同 A 型智库一样，B 型智库也要建立健全新型教育智库主体有效运转的治理机制和政府制度有效供给的治理机制，提高地方教育治理能力，促进地方教育治理体系的现代化。

三、专注咨学：C 型智库治理机制研究

（一）C 型智库基本情况

C 型智库不同于 A、B 型智库，C 型智库属于民间智库。民间智库由于处于体制外，其对教育决策的影响力非常弱。因此其业务范围领域主要集中在对学校发展的指导、咨询和服务等方面。这是中国民间教育智库的典型特征，即服务学校。本书中所介绍的这所诞生在南方教育改革前沿地带的非营利性的民间智库 C 就是如此。该智库秉承"爱心兴教育"的宗旨，开展教育理论的应用研究及举办培训等，竭诚为基础教育发展服务，通过指导学校教科研、指导学校培育特色、策划学校发展规划、指导教师专业发展等业务活动为区域教育健康发展出谋划策。

C 型智库的业务活动主要为学校指导，即结合政府的特色学校发展规划，为学校研制特色学校建设方案，指导学校应对政府实施的特色学校评估，具体指导学校进行特色学校创建活动，最终形成学校的特色品牌。教科研指导包括课程改革的指导、课题研究指导，以及迎合个别学校特殊需求而研制的针对性个别指导等。课改的指导已经有了固定的"套路"和技术流程，比如首先进行实际调研了解存在的课改问题，然后"构建课改模式"，专家驻校进行引领，学习和观摩课改示范学校举措，进行课堂指导，教师小组合作学习，构建评价体系等。课题研究指导主要指导学校申报国家、省、市、区各级教育科学规划课题、德育课题、心理健康教育课题，开展课题研究，促进教师专业化发展，提高学校管理水平，促进学校内涵发展。课题指导也有固定的程序，比如首先成立申报项目小组，对项目组进行培训指导，具体包括选题指导、课题申报指导、开题指导、研究过程及结题指导等。学校个别指导主要针对学校发展中遇到的教育教学难题进行研究，提出可操作性的对策，帮助学校不断地从教育高原迈向教育高峰。教师专业发展指导主要包括实施教师专业发展培训、班主任工作培训、校长领导力培训等。

C 型智库实行理事会领导下的院长管理分工负责制度。理事会负责院高

层领导的聘任与解聘、薪酬设定等重大管理事项。院长负责具体管理和研究工作。该智库现有一位院长，三位副院长。院长的主要任务是拓展资源，寻求学校委托的项目，物色适合项目的人才。三位副院长（其中两位退休前都在教育行政部门担任重要职位）分别根据其专长，带领若干个项目团队，开展相关业务活动。副院长同时也会协助院长拓展资源，寻求学校外包服务等工作。院长考核副院长的绩效，副院长考核项目团队负责人的绩效。院长和副院长相对稳定，项目小组负责人除个别比较稳定外，大多数和签约项目成员一样，签约项目一旦达成就自动解散或者等待下一次项目的重新签约和分配。因此其固定工作岗位非常少，而流动岗位非常多。目前与其签约合作的流动专家达上千人，在灵活调动和汇聚民间智慧方面作用很大。

虽然没有官方智库咨政的影响力，但民间智库在资政方面并非一无所为，实际上仍有可为之处。比如C型智库通过《教育研究简报》及教育沙龙等形式进行教育政策的研究、交流。《教育研究简报》主要选取当下教育研究热点与难点问题，向有关群体定期发送。而教育沙龙采取嘉宾主讲、听众参与互动的模式，每期邀请教育领域有一定影响力的研究者、实践者担任主讲嘉宾，针对当下教育热点与难点话题，深度思考，理性剖析事情的来龙去脉，在碎片化阅读的时代，这种深度系统的阐述非常难得。“沙龙注重平等、多元开放，倡导建设性的理性对话，集思广益促进教育现状的改变。”民间智库通过影响公众从而影响政府教育决策的间接方式实现了咨政职能。当然，在目前这类咨政方式还非常少见。

作为地方性民间教科研机构，C型智库认为所谓的智库就是为学校发展服务，为教师发展服务，为区域教育发展服务。C型智库与前面分析的A型智库很不同，A型智库纯粹是由科研员组成的机构，是真正意义上的纯教育政策研究机构，与国际上的智库的外延比较一致，但C型智库基本主要由签约教研员组成。因此C型智库首要任务并不是供给教育政策方案，而是指导学校的规划研制、课程与教学发展、教师专业发展等。但C型智库偶尔也会间接举办一些学术会议，进行政策对话交流，但仅限于学者之间；偶尔也会进行教育沙龙，促进智库专家与公众之间的对话和交流，进行政策的解读或者评论；甚至会通过媒体间接地向现行政策提出批评，给教育行政部门施加一定的压力，以此影响政府的偏好。

C型智库在提供备择咨政方案、搭建交流平台及监护教育公益三种角色扮演方面都有所欠缺，尤其是几乎没有提交过备择咨政方案。该智库只是偶尔搭建交流平台，而且主要目的还不是促进官员和学者之间的对话，而是促进学者之间的交流或者促进学者与公众之间的交流。至于监护教育公益角色，其还有待自觉履行。从民间智库“体制”外生存的现状来说，其应该加强搭建交流平台角色。就业务范围而言，民间智库还处于体制外的边缘地带，缺乏“内参”等直接管道实现咨政职能。当然，智库可以借此强化其他方面的工作。如针对热点问题，民间智库就应该先拿出一个相对简要的研究成果，并可能把成果信息传达给重要的高级决策者及其幕僚。如果政治环境非常封闭，智库很难与官员直接合作，那么其就要在公开出版物上进行讨论或者智库执行董事公开就该问题发表评论或者提交政策建议书等，可能是更好的选择。① 民间智库没有直接管道接近区域教育决策的高层，但并不意味着智库与高层隔绝，民办教育智库可以通过聘请退休的教育行政部门官员来加强与政府决策部门的联系和扩大影响力，C型智库实际上已经建立了接近美国智库的那种“旋转门”机制。但C型智库却没有把影响地方教育高层的资政活动当作一项主要任务，而只是利用退休官员对学校的影响力，说服学校争取更多的外包项目。笔者通过对智库负责人进行访谈发现，地方政府对智库提供的咨政产品需求不足。

不可否认，地方官员在长期的教育行政工作中积累了丰富的经验，有些还是教育专业出身，对他们的经验应该给予肯定。但随着教育改革进入深水区和攻坚克难阶段，仅靠原有的知识经验远远不能应对今天的挑战，必须把专业的问题交给专业的团队来处理，地方政府官员的理念需要转变。正是因为这些官员认为决策“大权独揽”是“理所应当”，自然没有对教育智库的咨政需求。即使有内参通道进入决策高层的官方教育智库，很多时候仍免不了成为“摆设”的尴尬。正因如此，这些官员进入民间智库之后，主要精力不是增强民间智库对决策的影响力，而是利用自身影响力和专业技术帮助民间智库拓展学校外包项目。由于民间智库目前把为学校服务当作核心任务，搭建交流平台，因此，有序引导公众参与教育政策讨论和聚合民间智慧等职能有待发挥。

就智库提供的产品而言，C型智库提供的公共产品主要是学校发展、教师发展等。这当然是新型教育智库所要供给的产品，只是应该说这些产品是副产品不是主产品，但民间智库把副产品作为主打产品供给了。如上分析，除了地方教育行政部门对咨政产品的有效需求不足，民间智库为了生存也不得不利用专业技术为学校提供服务并将其当作主要产品，这可能是未来很长一段时间内民间智库的发展势态。但作为智库，就要履行智库的基本职能，要充分发挥民间智库体制机制的灵活性，通过举办沙龙、讲座、政策辩论

---

① 斯特鲁伊克. 完善智库管理：智库、“研究与倡导型”非政府组织及其资助者的实践指南［M］. 李刚，等译. 南京：南京大学出版社，2017：139.

会、结交媒体等形式间接地影响教育决策，发出自己的基于实证的声音，影响和有序引导公众参与共同决策，促进教育政策协商。如果民间智库不能以积极的间接的方式影响教育决策，那么边缘化的情形仍将继续。

就智库的职能而言，C 型智库的职能发挥几乎乏善可陈。如果不是把服务学校也当作智库的一项基本职能的话，那么 C 型智库能不能算作智库尚且存疑。而且经过笔者的深入调研发现，民间智库供给政策方案的基础能力非常薄弱，尽管他们也采取了类似旋转门的机制，大量聘任离任教育官员，但他们志不在此，不重视这方面的建设。即使在服务学校方面，C 型智库也存在基础能力不足等问题，比较典型的问题有三个。

其一，“中层塌陷”。所谓“中层塌陷”是指智库的决策层和执行层之间的管理层能力不足问题。民间智库比较重视“名人效应”，因此其决策层聘请的都是热心公益的社会贤达、教育界知名人士及前政府官员等，这些是民间智库核心竞争力的重要组成部分。但具体的项目管理层或者团队领导人能力却明显不足。这里的能力包括专业研究能力和团队管理能力等。这些人的能力不足导致了执行层效率低下，陷入事务主义的泥潭。这是影响民间智库发展的瓶颈问题。为什么会发生中层管理者的能力不足的问题？首先是因为民间智库运行还处于草创期，对于中层干部的作用认识不到位，以为有了高层聘任的“名人”就能够撑起一个好智库。这是对“名人效应”的不当夸大。太多的客座研究员会给智库的品牌带来不利影响。① 其次，民间智库从节约成本的角度考虑，不愿高薪聘请中层干部，结果虽然节约了成本，但整个效率降低了。最后是因为优秀的中层干部大多在官方智库或大学智库中举足轻重，大多是顶梁柱，在资金、平台、项目上都享有倾斜优势，具有民间智库无可比拟的优势，即使高薪也很难吸引过来。教育智库的市场亟待公益大财团的进入，通过融资上市，扩大公益资产的价值，从而引发民间智库的新一轮洗牌，生存下来的民间智库很可能避免“中层塌陷”。

其二，民间智库大多研究能力不足，没有形成专属领域。很多情况下，智库并不拥有开展项目所需的所有专家，这时它就需要聘请一名顾问来弥补智库自身在这方面的缺陷。如果智库缺乏核心专属领域，那是外聘不能从根本上解决的问题。面向学校服务的民间智库仍然存在研究能力不足的问题，很多智库甚至除了管理层和财务人员相对稳定外，其他都是临时性的签约雇员，没有自己的专职研究队伍，因此只能进行“思想的循环利用”，无法履

① 斯特鲁伊克. 完善智库管理：智库、“研究与倡导型”非政府组织及其资助者的实践指南[M]. 李刚，等译. 南京：南京大学出版社，2017：66.

行“思想工厂”的职能。其只是为现存学校服务供给另外一种选择，即一种聚合临时性专业人员与学校短期项目结合的平台，没有也不可能做长期的、有风险的教育研究项目，也没有太多兴趣和热情做那些公益性的教育沙龙或者教育政策研讨会。这种核心专属领域的缺失也导致了优秀的政策研究产品的缺失，最终带来公信力的缺失。研究发现，智库的公信力是影响政策建议是否被采纳的关键因素，而公信力又是建立在智库良好声誉和优秀政策研究项目基础之上的。[①] 毕竟，获取学校外包的项目是智库主要的经费来源和生存之本。没有专属领域，无法与诸多的如 B 型智库的官方智库抗衡，政策市场细分的结果是只能处于食物链的低端。可以预见，只要存在巨大的体制性差异，绝大多数民间智库注定将固守建设新型教育智库的金字塔的低端。

其三，链条的脆弱性。民间教育智库不能提供优厚的报酬和福利，就难以留住和激励员工。没有足够的设施与设备，员工将不能切实有效地开展研究。没有培训和专业发展机会，员工将不能维持一定的专业技术水平以保持其自身竞争力。没有资金支持业务拓展和筹资活动，民间教育智库将不能持续获取新的研究项目以保证机构的运转并留住研究员。这种资金—设备—培训—筹资如是循环的链条，每一环的断裂或者薄弱都会导致民间教育智库坠入“陷阱”，且难以翻身。因此民间教育智库必须实施绩效监管以降低成本，多元化筹资以化解风险，同时强化基础能力建设以巩固链条。反过来说，这种潜在危机也为民间教育智库的政策企业家的能力发挥预留了广阔的舞台。

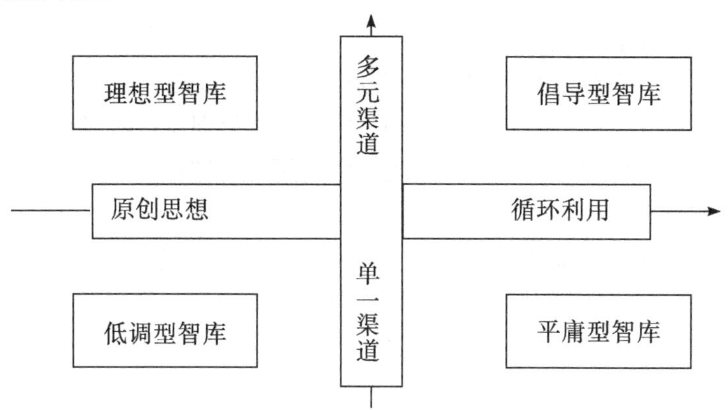

图 5－3　智库的二维分类示意图

① 斯特鲁伊克. 完善智库管理：智库、“研究与倡导型”非政府组织及其资助者的实践指南［M］. 李刚，等译. 南京：南京大学出版社，2017：161.

根据图5-3所示的智库的二维分类示意图，C型智库毫无疑问地位于第四象限，归属于平庸型智库。在原创思想—循环利用维度上，该智库主要致力于思想的循环利用而非创新；在多元渠道—单一渠道维度上，该智库偶尔通过举办政策交流会等渠道间接影响政府决策，也不关注社会宣传和舆论引导。平庸型智库是民间智库的生动写照和困境反映。而要突破平庸型智库，关键在于有持续的稳定的捐助收入，如果只是依靠服务学校的劳务收入，肯定不能培育出伟大的民间智库[①]。虽然随着政府评估服务外包的深入推进，对民间智库的财政缓解有所助益，但根本问题的解决却有待于中国捐赠文化的培育和捐赠法律的健全。该智库的一位副院长不无心酸地说："我们也想发出自己的声音，拥有自己的专职研究队伍，可是我们仅仅依靠现有的服务学校的合同收入，养不起。（我们）只能临时聘用兼职专业人员。"

（二）C型智库治理机制透析

1. C型智库治理机制的特点透析

（1）政府分权和授权。

C型智库属于体制外的智库，没有行政级别，在教育决策中处于边缘角色，其参与决策权没有保障，没有得到政府的授权。这个与C型智库自身的专业能力有关，C型智库治理能力匮乏，专业能力比较薄弱，决定其不能够承担起和接得住政府的授权。

（2）治理主体。

政府是C型智库的监管者，C型智库由于治理能力匮乏，难以成长为治理主体之一是当下众多民间教育智库遇到的巨大难题。正如一位采访者所言：C型智库是"有资格没资质"。C型智库的治理主体不够多元化。思想市场上的民间教育智库治理主体资质培育问题亟待解决。

（3）主体间互动。

C型智库与政府间互动非常少，基本没有信息沟通。C型智库与媒体间的互动关系也有待加强，目前更多的是利用媒体塑造自身品牌，而非致力于教育公益目标的最大化。上述主体之间互动较少，联系不畅。由于评估机构的缺失，C型智库与评估机构之间几无互动。

（4）自治网络。

自治网络没有形成。政府对C型智库的监管有待完善，评估主体缺失，

---

① 英国慈善救助基金会（Charities Aid Foundation，CAF）发布的《世界捐助指数》（CAF World Giving Index 2018）报告中，中国大陆排名第142位。

C 型智库成为治理网络中的“失语者”或者“缺席者”。其目前没有出现自治网络的轮廓，与轮廓还有一段距离，与雏形的自治网络距离更远。

（5）治理手段。

对政府而言，目前的治理手段主要还是采取行政手段，很少使用合同契约、引进竞争等手段培育和提升民间教育智库的治理主体的资质。C 型智库主要在内部采取绩效管理手段。媒体主要采用市场手段参与治理。

2. C 型智库治理机制的内外部视角透析

（1）C 型智库主体有效运转的治理机制透析。

①法人治理结构。C 型智库的法人治理结构由于基本上是以“空壳公司”的名义运转，举办者是真正的控制人，然后聘请有些声望和资历的教育界资深专家或离任政府教育官员协助管理；因此，权力只是在理事会内部进行配置。尽管是非营利性组织机构，但企业化运作明显，能够做到“所有权和经营权实现分离”，能够遵照章程运作。年检报告在自己网站向社会发布。

②项目制组织管理。从深入访谈来看，C 型智库同 A、B 型智库不同，没有参照政府的科层制管理。其初步建立符合智库特点的新的组织管理模式——项目制组织管理，这个和世界上的高端智库大多采取的是矩阵式组织管理模式还有些不同。最大的不同在于，项目制组织管理是项目总负责人即副院长根据个人的人脉资源、教育专长、经验偏好等因素自由组建自己管控的项目团队，除财务外，其项目团队成员大都是临时性拼凑起来的队伍，这些人只领取劳务回报而没有固定工资，项目一旦结束，队伍随之解散。这个项目制的组织管理是目前民间智库最突出的组织特点。公允地说，有利有弊。利是在于管理者能够根据项目的实际需要、特点以及任务的难易程度灵活组建队伍，充分汲取研究精英加盟，汇聚各方智慧，创建出与众不同的新方案。弊端也很明显，由于是临时拼凑，人员之间的协调、分工协作和项目时间进度推进等难以控制，这样可能会导致项目的实施质量不高，也不可能进行长时期高风险的科研攻关，也难以形成专属领域的话语权。因此，总体而言，这种项目制组织管理有待向相对稳定的矩阵式组织管理过渡。

③团队领导者。如前分析，相较 A、B 型智库，C 型智库显然更急需加强团队领导者的培养，克服“中层塌陷”的危机，解决好智库的顶梁柱石的建设，培育核心专长和竞争力。

④专家分类管理机制。C 型智库没有专家分类管理机制。尽管也有从政界、学术界签约人员，但没有建立分类管理机制。政界和学术界过来的人，一般是精英，同时是管理者和研究者。C 型智库的主要精力放在服务学校发展，而非政府。民间智库亟待培育核心竞争力，从而获得更多的咨政机会。

⑤分类绩效考核制度。C 型智库由于没有专家分类管理机制，自然没有建立分类绩效考核制度。随着业务的拓展，其需要建立包括来自政界、学术界、媒体界、教研员等不同专业的人员在内的分类绩效考核制度，实现来自各界的人尽其才、才尽其用、各得其所、优绩优酬。

⑥教育研究成果评价和应用转化机制。同 A、B 型智库不同，C 型智库在教育研究成果评价和应用转化方面刚刚起步。一般的科研成果，主要是循环思想利用的成果，整体价值不高，主要是对学校发展、教育指导等经验的总结提炼，而且出于保密和学校声誉的考虑，一般不对外公布。其偶尔会把举办的教育沙龙或讲座之类的汇总结集出版，放在自己的网站上供潜在客户下载和查询，目的不是扩大政策宣传，而在于寻觅可以合作的学校客户。

⑦资金筹集。相较官方智库而言，民间教育智库在经费筹集方面遇到的困难更多，因此经费筹集成为民间智库的核心工作。在美国，基金会、政府、个人捐助及公司的经费支持是智库能够生存的关键。慈善家捐助的背后常常潜在隐含着某一特定的政治诉求，进而不同程度地影响智库研究的客观性和中立性，这是毫无争议的事实。所谓的绝对独立和中立的研究在美国当代社会已经成为一个“神话”。当下国内民间教育智库志不在此，主要服务于学校，因此其接受学校合同外包，很少能影响到其咨政的客观性。但民间教育智库必须转向多元化的资金筹集，使得其咨政职能日益增强。在慈善文化还不发达的当下，获得政府的合同对于民间教育智库而言意义重大。那么，如何获得政府的合同？斯特鲁伊克认为重要的是培养良好的关系网与利用自身的优势。新型教育智库要积极影响政府的未来议程，尤其是为那些支撑政府未来政策决策的分析项目提供理念，要把营销会转变为研讨会，能够拿出优质的有助于官员了解重要政策问题复杂性的研究作品，官员才会认可智库的能力，利用这个机会还可以打听到政府即将进行的外包，及早准备竞争合同。[①] 此外，还可以考虑借鉴英国智库的经验，实行会员制的治理机构，会员可以来源广泛，没有严格的会员筛选标准。如英国皇家国际事务研究所有两种会员身份：一种是个人会员，个人会员的标准费用一年约 300 英镑，可拥有参与智库活动、使用智库图书馆、查阅资料、获得最新研究咨询、提名和选举理事等多种权利。另一种是机构会员，机构会员费用则从 3 000 多英镑到 1.3 万多英镑不等。[②] 这样就保障其获得稳定且均衡的资金来源，不

① 斯特鲁伊克．经营智库：成熟组织的实务指南［M］．李刚，等译．南京：江苏人民出版社，2015：140－143.

② 李远芳．英国智库独立性实践［EB/OL］．（2015－11－04）．http://news.hexun.com/2015－11－04/180334295.html.

至于受到数量大的捐赠者的影响和干预，能够保持相对独立性。

⑧政策企业家。民间教育智库实际上比官方智库更缺乏政策企业家。民间智库由于体制机制灵活，一般聘请业界退休官员或退休知名教育专家担任领导者。但是目前延聘的目的不在于积极影响教育政策，运用前官员或专家的专业知识和策略促成某项教育政策的重大改变，或者推广某项政策新方案并追踪研究；而是利用这些人的影响力更便捷地从政府部门拿到外包合同，揣摩政府的要求“量身定做”政策方案，这导致 C 型智库事实上几乎成为政府外包的“秘书处”和“传声筒”，与独立发声的民间教育智库还有很大的差距。这个和民间智库在权力谱系中的边缘性地位有关。民间教育智库为了引起决策者关注和生存，不得不“委曲求全”。这种状况显然不利于民间教育智库办出特色，办出品牌。在这种状态下，自然无须培养政策企业家，而仅仅需要公关高手。

⑨议程设置。如果说官方教育智库受制于体制的羁绊，议程设置的自主性程度不等地受到影响，那么民间教育智库游离于体制之外，是否在议程设置的自主性上就获得“解放”呢？答案是否定的。民间教育智库摆脱了体制的束缚，却又陷入了市场的牢笼。由于民间教育智库主要立足于市场，面向学校提供咨询服务，而其要服务的客户都有自己的议程安排，民间教育智库从事的这类咨询工作越多，它们受客户的影响就越大，其自主安排研究议程的能力就越弱。

（2）C 型智库政府制度有效供给的治理机制透析。

同 A、B 型智库政府制度有效供给的治理机制反映出来的问题一致的是：没有建立智库专业人员的准入标准设定，没有完善的重大决策问题外包的招投标机制，没有建立重大备择咨政方案的问责制，未能发挥智库行业的中介作用等。C 型智库比 A、B 型智库反映问题更强烈的目的在于，其呼吁政府的咨政方案应向社会开放，给民间智库同等竞争政策委托方案的研制机会，同时亟待慈善文化的培育和捐赠法律的完善，以营造民间智库筹募资金的良性生态。

（三）C 型智库治理机制的研究结论与启示

C 型智库的真实生存状态就是治理网络中的“缺席者”，与教育决策部门几乎没有互动，除了偶尔做广告外，与媒体的互动也较少，主要依靠其主管的人脉和口碑进行市场营销。其除了偶尔搞些政策沙龙外，几乎不参与政策共同体的活动。其主要精力都放在服务学校和指导教学上面，这说明地方教育决策的封闭性，同时也反映出民间教育智库参与决策咨询的能力与意愿均低的现实。

从C型智库治理集中研究中获得的启示有以下三点。

第一，政府的教育决策必须向社会开放，实行重大教育决策的招投标制度，把有一定能力和美誉度的民间教育智库列入政府购买服务的诚信档案中，对民间教育智库实行适当的倾斜政策进行扶持，崛起的民间教育智库能够激起思想市场的有效竞争，破解事业单位科层管理带来的教育智库活力不足的困境。可喜的是，2017年5月出台的《关于社会智库健康发展的若干意见》显然注意到这个问题，对此规定“社会智库作为咨询服务市场主体，可以独立或与其他智库合作，依法参与政府部门以政府采购、直接委托、课题合作等形式开展的政策研究、决策评估、政策解读等活动”。

第二，民间教育智库除了咨学外，还要适当发力聚焦咨政，形成自己的专属领域。既然作为智库，就要成为政府靠得住、用得上的智囊机构，为国家和地方的教育决策贡献民间智慧，为国家崛起和民族复兴积蓄智力资本。当然，民间教育智库的咨政活动，不是面面俱到，而是要找准自己的特色，围绕特长打造专属领域，尽快扔掉平庸型智库的帽子，成为某一教育学术领域的引领者和具有一定的话语权。为此需要民间智库按照新型教育智库的要求进行内部治理机制的健全和完善。同时要求政府根据《关于社会智库健康发展的若干意见》要求，建立社会智库向党政机关提供咨询报告、政策方案、规划设计、调研数据、意见建议的制度化渠道和建立决策部门对社会智库咨询意见的回应和反馈机制。

第三，政府大力培育捐赠文化。要通过健全政府补贴、基金奖励、捐资激励等机制改革，支持和规范社会力量举办非营利性教育智库；建立健全民间教育智库的第三方质量认证和评估制度，通过以评促建，加快民间教育智库转型升级为新型教育智库的步伐。可见，政府制度有效供给的治理机制的完善同样重要。

四、跨个案的研究结果与建议

A、B、C三个智库可视为当下中国教育智库的三类典型代表。A型智库代表了中国目前一流教育智库的治理机制问题所在，B型智库代表了中国目前地方性官方教育智库的治理机制问题所在，C型智库代表了中国目前民间教育智库治理机制问题所在。对A、B、C三个智库“解剖麻雀”，从中获得启示和洞察力，可以初步归纳出中国目前各类型教育智库转型为新型教育智库所存在的问题，以及可行的策略和举措。

(一) 三类型教育智库基本情况的分析结果

1. 关于新型教育智库的“特”和“新”

从三类型案例来看，中国当前的教育智库，其内涵不仅符合国际上对智库界定的一般特征，也表现出自身的特质。在探讨中国教育智库的内涵之前，首先有一个问题必须加以说明，那就是遍布全国县级层面的教科研机构(包括教科所和教研室)是不是都属于教育智库。单独设立的教科所主要承担教育科研并基于教育科研为教育决策服务，作为教育智库的则没有。教科所是 20 世纪 80 年代后期群众性教育科研热潮的产物。① 而教研室则是在 50 年代中期诞生的，虽然成立时间不统一，但“各地成立教研室的背景和操作程序是一致的”。② 那么单独设立的教研室算不算教育智库？如果不算，全国两千多所教科研机构，估计有一大半不能做新型教育智库的建设对象。判定单独设立的教研室是不是教育智库，除了要看智库的定义外，还要看教研室的主要职能是什么。关于智库的定义虽然没有定论，但我们可以取最大公约数，即智库主要是指相对稳定的，从事公共政策研究并以研究为基础进行公共政策建言、咨询、交流、推广的组织，这是 50 至 60 年代国际上通行的定义。然而到了 60 年代中后期美国开始出现一批新型智库，这类智库也不再致力于原始思想的创新，而在于循环利用思想，宣传志同道合者的观点，目的是在“思想的战争”中取胜，保证决策者能听取建议。这类智库就被定义为倡导型智库，传统基金会就是其中的突出代表。美国的国家教育研究院定义自己的职能为教育研究、教育统计、教育评价、服务教育决策、成果分享和推广等，其宗旨是提供和分享使教育实践和政策得以扎根的科学证据。该研究院声称自己是一个既注重研究又注重倡导的智库，因此其倡导的职能在 70 年代以来美国智库的行为中体现得越来越明显。

再来分析教研室的职能。教研室最初成立的主要目的是培训教师，解决师资短缺的问题，加强对教学工作的指导。教学是课程实施的关键，教学研究是教研室的中心任务，是教学指导、服务的前提和基础。教研室虽然也有少量的教育决策服务活动，但为教育决策服务显然不是教研室的主要职能。但实际工作中教研室还承担着向基层学校、教师、家长等群体宣讲政府的教育政策，引导他们更好地理解政府的教育决策，塑造正面的教育舆论，其实也就是履行类似美国倡导型智库的职能。从这个意义上说，单独设立的教研

---

① 陶侃. 对县级教科所（室）萎缩现象的剖析 [J]. 教育评论，1995 (1)：6 -7.

② 李燕. 教研室职能研究：以济南市教研室为个案 [D]. 济南：山东师范大学，2009.

室也可以看作教育智库。

因此中国教育智库作为相对稳定的从事公共政策研究并以研究为基础进行公共政策建言、咨询、交流、推广的组织（参与全球政策网络的框架还只能是未来演变的趋势），符合国际上智库内涵的一般特征，其表现出的自身特色主要有两点：其一是不像以美国为代表的西方教育智库标榜所谓的研究“中立立场”，实则为美国主导的全球化服务的，为美国国家利益服务，为其私有资本在全球打造最安全、最自由、最低成本流动的环境服务。[①] 中国新型教育智库旗帜鲜明地坚持党的领导，为人民服务，为贯彻党的教育方针路线服务，为中国共产党的治国理政服务，为巩固和发展中国特色社会主义制度服务，为改革开放和社会主义现代化建设服务。其二是不仅咨政还要咨学，而且因其类型不同，活动领域的侧重点也不同。比如，A 型智库纯粹是由科研员组成的机构，是真正意义上的纯教育政策研究机构，与国际上的智库的内涵比较一致。B 型智库既有科研员，也有教研员，不仅咨政，更要咨学。当然，其任务更多的还是咨学。C 型智库作为地方性民间教科研机构，主要是咨学，为学校发展服务，为教师发展服务。但 C 型智库偶尔也会间接举办一些学术会议，进行政策对话交流，但仅限于学者之间；偶尔也会举办教育沙龙，促进智库专家与公众之间的对话和交流，进行政策的解读或者评论；甚至会通过媒体间接地对现行政策提出批评，向教育行政部门施加压力，以此影响政府的偏好。A、B、C 三类智库要朝着新型教育智库的目标演化，坚持的方向就是除了强化教学研究之外，还要同时加强倡导宣传（国际宣传）和政策研究职能。

中国新型教育智库的新型主要体现在采用不同于传统的学术研究中心的系列治理新机制，主要包括内部治理机制和外部治理机制。内部治理机制包括健全法人治理结构、矩阵式组织管理、团队领导者培养制度、智库专家分类管理机制、绩效考核制度、教育研究成果评价和应用转化机制、资金募集制度等。外部治理主要包括健全新型教育智库的监管制度，完善重大教育决策意见征集和辩论制度，建立政府购买教育决策咨询服务制度，发挥智库行业的中介作用，健全教育舆论引导机制，建立新型教育智库的经费管理制度等。有了这些新治理机制，中国新型教育智库就可以有效避免西方教育智库的发展趋势中隐藏的可能弊端，为塑造有中国特色、世界一流的高端教育智库打下坚实的基础。

---

① 朱云汉. 高思在云：中国兴起与全球秩序重组［M］. 北京：中国人民大学出版社，2015：215.

2. 关于新型教育智库的独立性、行政化和影响力

(1) 新型教育智库的独立性。

A、B 两智库基本上都拥有比较强的设置自己的研究议程的能力，能够实事求是地进行研究，但是在把咨政方案提交给“雇主”——政府时，也会把决策者的意图以及偏好融入方案之中，毕竟官方或者半官方智库很多时候还需要扮演“秘书”的角色。笔者不认为这是智库独立性不够的表现。如前分析，即使在美国，大多数智库也不能做到完全独立，都要一定程度上曲折或者隐晦地表达资助者的观点和思想。所谓的完全独立地客观地不受官方、利益集团或者媒体影响进行研究的智库只能是乌托邦。因为“在合同下没有人会相信一个智库可以提出真正具有自主性的建议”。[①] 智库也是有局限的，甚至可能导致争论不决。智库在事实的选取、证据的整理与解释及进行评估的各个环节，几乎都不可避免地存在偏见。对政策含义的争论很难通过向假定中立的专家进行咨询而得到解决。而且争论不止的专家们反而会延长和加剧争议，损坏政治上的妥协与共识。[②] 正如著名智库专家詹姆斯·麦甘恩指出的那样，智库的初衷是形成客观纯粹的知识，但到达决策者手中时，已经充斥了偏好或成见。[③] 国内也有研究指出，“当教育智库人员和政府部门意见不一致时，坚持自己观点的教育智库人员仅占 19.4%，以政府部门意见为准的占 31.1%，选择折中处理的教育智库人员占 33.7%”。[④] 这真实反映出了中国教育智库的现有的状态。

当然，这个状态不是说不应该改进，因为如果不改进，长期来看会鼓励智库“唯领导意志”论，丧失了客观性和创新性，不再成为思想工厂，而仅仅履行秘书处的角色。改进当然是要改进，却不是追求所谓的完全独立性的改进。笔者认为要秉持“研究无禁区，发表有纪律”的原则进行智库的应对策略研究，可以在智库与政府或者其他利益相关者之间建立防火墙，以保护智库的研究成果的客观公正，同时采取建立备忘录的方式以备事中和事后监管。所谓建立防火墙就是建立缓冲（buffering）机制，对研究某一决策方案

① 斯特鲁伊克．完善智库管理：智库、“研究与倡导型”非政府组织及其资助者的实践指南［M］．李刚，等译．南京：南京大学出版社，2017：302．

② 史密斯．科学顾问：政策过程中的科学家［M］．温珂，李东旋，周华东，译．上海：上海交通大学出版社，2010：84．

③ 麦甘恩，威登，拉弗蒂．智库的力量：公共政策研究机构如何促进社会发展［M］．王晓毅，张倩，李艳波，等译．北京：社会科学文献出版社，2016：46．

④ 周洪宇，等．从“稳基础”向“强实力”跨越转变：基于全国 8 省（区、市）112 家教育智库的调查［N］．光明日报，2017－08－17．

的项目团队进行与外部的隔离，在智库内部对其建立一个保护层，使得外部不良影响触及不到这个被保护的项目团队。[①] 智库与环境的交流主要由扮演缓冲角色的智库领导周旋。缓冲机制可以使得研制方案的团队尽量接近封闭状态，避开外部不当干扰，以保障客观公正的学术立场和道德原则。

在中国，教育智库完全脱离政府的影响既不可能也不现实，附属官方或半官方的教育智库是中国教育智库的特色之一。与政府的密切关系增加了官方或半官方教育智库获得信任、丰富的政策研制经验和提升知名度的机会，这些是智库发挥政策影响力的前提。这同时有利于智库专家到政府部门任职，把智库理论和思想贯彻到教育实践中去。在接下来新型教育智库的行政化部分也会有涉及新型教育智库如何保持独立性的探讨。

（2）新型教育智库的行政化。

智库与政府的密切关联，自然导致了智库的行政化。邱道隆认为，体制内的智库行政化是必要的，具有如下优点：一是保证了智库运作的程序化和法制化；二是可以带来智库的专业化，各司其职地完成研究工作；三是保证智库的行政级别。行政级别是智库开展工作的重要支持条件，没有相应的行政级别就难以列席政府相应层级的办公会，就不能获得第一手的信息。尤其是跨部门科研协作时，没有高级别的智库领导牵头，整个事情就会拖而不研。[②] 教育智库的行政化固然必要，但完全按照行政逻辑运作将会严重束缚智库的活力、灵活性和国际化发展。在邱道隆看来，教育智库主要在经费、人事和外事领域受到行政化的严重制约。由于受制于公益一类的身份，其经费受到财政各类条条框框的严格限制，而智库议程设置的灵活性以及对策研究的超前性都会受到预算软约束的控制，并且这种控制难以变通，这将极大地制约教育智库迎合现实需要灵活和有针对性地开展研究。特别是不能发人头费的严格规定。随着教育智库业务工作量的增加，待遇却难以提升，体现不出多劳多得的原则，导致了教育智库优秀人才流失加剧。随着养老保险并轨等社会改革的推进，慢慢地这类智库就愈发难以吸引人才加盟。邱道隆曾指出，由于外事纪律对出国人员时空的限制，即使出国也难以与同行进行充分的交流。此外，出国次数和出访天数都不能自主，申请出国的手续也很漫

① 霍伊，马萨尔．教育管理学：理论、研究、实践［M］．范国睿，译．7版．北京：教育科学出版社，2007：240.

② 邱道隆．中国体制内智库的现状、挑战与出路［M］//郑永年．内部多元主义与中国新型智库建设．北京：东方出版社，2016：170.

长。[①] 这对智库的国际化发展非常不利。

笔者认为在顶层设计时机不成熟的情况下，允许地方根据适合自己的思路设计改革方案，可以调动地方改革活力。改革的方向是要坚持半官方身份，回归公益二类。所谓半官方身份，是指依然保留行政级别，回归公益二类的定位，保持与政府的密切关系，坚持党的领导。这类教育智库的服务收入和经营收入属于政府非税收入的按规定纳入财政管理，实行“收支两条线”。公益事业发展所需经费由财政根据不同情况予以相应补助。简单地说，财政补贴是人员的基本工资和运作经费，要严格执行财政纪律。自筹部分则可以灵活地发放人头费，多劳多得地进行人员激励。每个年度的财政报表要公开，接受财政、税务、工商部门和公众的监督。当然，半官方教育智库与民间资金结合创设混合所有制的教育智库也可以试点探索。至于这类改革的效果如何则有待观察。

（3）新型教育智库的影响力。

通过三种类型案例的比较，可以发现如下“规则”，即教育智库的分布层级与其影响力发挥大小存在一定的关系。层级越高，咨政职能越突出，更符合国际上对智库的定义特点，咨政影响力也越大。层级越低或者距离决策中心越远，咨政职能较弱，咨学职能突出，表现得更像一个教科研机构。比如国家级教育智库以及首都圈的教育智库，咨政的职能愈加凸显，而地方上尤其是区县的教育智库更多的是履行咨学职能，咨政职能没那么重要。从美国智库的发展实际来看，首都华盛顿几乎包括了大多数全美一流智库，其他城市或地方的有影响力的智库数量较少，中国教育智库的分布和影响力大小倒是符合国际“通则”。道理不言自明，层级越高的政府部门，其决策的质量要求也高，对教育科研的依赖越重，而对学校指导和教学研究的需求则较低。区县教科所咨政职能发挥不够突出，一方面是因为中国采用的是传统上的垂直教育管理的模式，放权给基层决策的空间较少，基层政府部门以贯彻执行上级文件的精神和意图为主，很少自主地进行教育改革探索和决策，即使进行试点改革也需要得到高层政府的授权。另一方面就是区县教科所的基础能力薄弱，难以有效地完成对基层决策的支撑作用。“目前我国教育智库人员近九成是文科出身，且偏重于传统基础学科，缺乏拥有自然科学，尤其是数学、统计学等方面学术背景的复合型教育研究人才。”[②]

---

① 邱道隆．中国体制内智库的现状、挑战与出路［M］//郑永年．内部多元主义与中国新型智库建设．北京：东方出版社，2016：173．

② 周洪宇，等．从“稳基础”向“强实力”跨越转变：基于全国 8 省（区、市）112 家教育智库的调查［N］．光明日报，2017－08－17（11）．

如上分析，官方教科研机构的咨政职能影响力大小与其行政级别有关。不能盲目地要求所有教育智库都去追求扩大决策影响力。不同层级的教育智库可以有不同的发展侧重点，或者不同层级的教育智库应该发挥不同的职能，不能强求划一。高层级官方教育智库可以朝着高端教育智库的目标迈进，以国际高端智库经验为参考，在坚持实证研究和原始创新的基础上提出具有全球价值引领的中国教育方案，向世界传播中国的理念、主张和声音，在全球教育治理中做出应有的贡献。基层官方教育智库除了加强教学研究、为相关决策提供服务外，还要重视舆论引导、对话交流作用，为中国特色、世界一流的教育目标做出切实贡献。民间教育智库由于远离权力中心，同时其志在服务学校——“咨学”，可为基层学校发展和教师发展提供指导，积极拓展外部财源，在行有余力的基础上加强咨政职能建设，从平庸型智库有序转变为低调型教育智库或者倡导型教育智库。

3. 关于新型教育智库的角色定位

根据上述理论，新型教育智库应该在教育政策活动中扮演三种关键资源的角色定位，即提供备择咨政方案、搭建交流平台及监护教育公益等。目前没有任何一个类型的教育智库具备上述三种角色定位。A 型智库在搭建交流平台方面存在职能发挥不力的情况，B 型智库也是如此。而 C 型智库在上述三种角色扮演上都有所欠缺，尤其是几乎没有提交过备择咨政方案，只是偶尔搭建交流平台，主要的目的不是促进官员和学者之间的对话，而是促进学者之间或者学者与公众之间的交流。至于监护教育公益角色，还有待自觉履行。从民间智库“体制”外生存的现状来说，其应该充分发挥搭建交流平台的角色。因此，从新型教育智库建设的角度来看，尽管不强求每一类型的智库都要充分发挥如上三种角色的作用，但作为国家高端教育智库建设对象的 A 型智库，必须扮演上述三个角色，成为引领者和示范者。作为地方性的官方智库的 B 型智库也要充分发挥上述三个角色作用，这是体制内教育智库必须完成的“转轨”。作为民间教育智库的 C 型智库，由于远离决策中心，虽然在提供备择咨政方案方面存在“血缘”缺失，但可以加强这方面的工作。民间教育智库没有直接管道接近区域教育决策的高层，但并不意味着智库与决策层隔绝，民间教育智库可以通过聘请退休的教育行政部门官员来加强与政府决策部门的联系和扩大影响力。C 型智库实际上已经建立了类似美国智库的那种单向渠道的“旋转门”机制（美国的旋转门是双向的，即政府官员可以进入智库，智库专家也可以进入政府做官员。民间智库的单向渠道的意思是政府官员可以进入智库，但智库专家却不能进入政府任职）。《关于社会智库健康发展的若干意见》已要求探索建立决策部门对社会智库咨询意见的回应和反馈机制，民间智库与决策部门之间的互动管道有望越来越通畅。但笔者调研发现，C 型智库并没有把影响地方教育高层的咨政活动当作一项主要任务，只是利用退休官员对学校的影响力，说服学校争取更多的外包项目。笔者通过采访智库负责人发现，地方政府对智库提供的咨政产品有效需求不足。因此民间智库目前把为学校服务当作核心任务，搭建交流平台、有序引导公众参与教育政策讨论和聚合民间智慧等职能没有发挥作用。如果说目前扮演咨政角色还过于遥远，那么民间智库专注于搭建交流平台及监护教育公益角色大有可为，实际上这也是智库扩大本身影响力的重要举措。

必须牢记，智库是服务于高效政府的更高目标，不能为杂乱的官僚机构再增添一个层级，或者延伸政治矛盾并使之更加复杂。① 智库主要就是做好智力参考、提升辩论和宣传推介工作，而不能越俎代庖。

4. 关于新型教育智库的产品

（1）新型教育智库供给的八种产品分析。

从国际来看，教育智库供给的产品主要有政策规划、政策分析、政策辩论、政策建言（咨政方案）、政策咨询、信息交流等，新型教育智库供给的产品还包括学校发展、教师发展等。前述三个案例显示，没有任何一类智库能够完整地提供上述产品，A 型和 B 型智库在政策辩论、信息交流供给方面存在不足，B 型智库还应该提供学校发展、教师发展等产品，C 型智库提供的公共产品主要是学校发展、教师发展等。A 型和 B 型智库在政策辩论、信息交流方面加强供给，这是新型教育智库治理所必须加强的方面，是智库与学术研究中心的不同之处。而供给学校发展、教师发展的产品是智库的副产品，不是主产品，但民间智库把副产品作为主打产品供给了。如上分析，其原因除了是地方教育行政部门对咨政产品的有效需求不足，还包括民间智库为了生存不得不利用专业技术为学校提供服务，并将其当作主要产品。这可能是未来很长一段时间内民间教育智库的发展势态。民间教育智库就要履行智库的基本职能，要充分发挥其体制机制的灵活性，通过举办沙龙、讲座、政策辩论会和结交媒体等形式间接地影响教育决策，发出自己的基于实证的声音，影响和有序引导公众参与共同决策，促进教育政策协商民主化。如果民间教育智库不能积极地以间接的方式接近教育决策，那么边缘化的情形仍将继续。

① 史密斯. 科学顾问：政策过程中的科学家［M］. 温珂，李乐旋，周华东，译. 上海：上海交通大学出版社，2010：243.

（2）新型教育智库供给的核心产品特征分析①。

从三类智库的主要活动来看，新型教育智库供给的核心产品就是咨政建言。谈到咨政建言的问题时，国内讨论最多的就是拿其与学术研究进行比较。代表性的如吴康宁认为与学术研究追求的知识生产和创新不同，咨政报告有其自身的研制套路。学术研究重在创生新理论，决策咨询重在拿出新举措。学术研究用严谨的理论体系或假说来表达，决策咨询则用日常话语表达切实可行的政策主张等。② 陈振明认为决策研究是以行动为取向而非学科取向的知识生产方式。③ 在他们看来，咨政建言的研制涉及政策范围，而政策主要是研究利益的分配问题，无关思想，因此智库的职能主要是研究技术或策略问题。其实在现代智库的起源地美国，20 世纪 60 至 90 年代同样存在这样的误解，即美国学术界也认为利益的考量才是政策研究中压倒一切的力量，思想是不重要的，因而出现了对智库研究的疏忽的“空白”，直到近十几年来，美国学术界开始重视和加强作为“思想的工厂”的智库研究。④ 由于缺乏长期深度的跟踪研究，在国内智库热刚刚兴起的时候在所难免地出现一些误解。据此，笔者认为咨政建言的研制同样需要做深入的理论研究，同样追求知识创新，同样需要跨学科取向，同样需要复杂的综合研究方法的透视，同样需要塑造科学的形象和知识的权威，不然就无法对实践中的政策问题给出有创见的指导或建议，即所谓的有库无智。博弈论和理性选择理论等获得诺贝尔奖的重大理论创新成果就是兰德公司在 40 年代至 50 年代后期提出的。咨政建言因而在研究的本质上与学术研究并无二致，只是各自服务的对象和呈现方式差异很大，但咨政建言不等于学术研究。学术研究与政治活动是两个具有不同运作规程的系统。学术研究主要遵循“真理”原则，政治活动主要遵循“权力”原则。学术研究追求真理，而政治活动则是维护权力，二者产生很多相互作用，但不会导致各自原则的交错。如果决策是以科学为基础，就要追求扎根于“真实的”知识，并在此基础上保证决策的合理、合法。但对政治来说，真理的追求并不是目的，而只是手段，一种制定出长期有效政策的手段，目的是被用来维护决策者的权力。⑤ 咨政建言也不同于学术论文，咨政建言一般不陈述新的经验性发现或者理论性观点，而是

① 李清刚，赵敏. 新型教育智库咨政建言受阻的成因与破解策略［J］. 教育研究与实验，2017（6）：61－65.

② 吴康宁. 教育改革需要什么样的国家智库［J］. 中国高等教育，2014（6）：16－19.

③ 陈振明. 政策科学与智库建设［J］. 中国行政管理，2014（5）：11－15.

④ 里奇. 智库、公共政策和专家治策的政治学［M］. 潘羽辉，等译. 上海：上海社会科学院出版社，2010：5－6.

⑤ 马森，魏因加. 专业知识的民主化？探求科学咨询的新模式［M］. 姜江，马晓琨，秦兰珺，译. 上海：上海交通大学出版社，2010：6.

运用政策科学规律，不仅回应受众的期望，还为决策者提供一种实用的真理。这种实用真理所呈现的知识经得起科学检验，推动理性的决策程序，但其主要目的并不是推动科学共同体展开科学研究的前沿讨论。①

一般而言，咨政建言具有如下特点：一是咨政建言要能提供一流的政策建议。因为新型教育智库聚集了最好的思想家和实践者，它就必须提供一流创新的教育思想。“决策者要求的专业知识并不是限于特定领域的纯理论研究，而是超越纯理论界限的实践知识。”② 学术研究的服务对象是为科学家和研究者生产科学知识，而新型教育智库提供的咨政建言服务对象则是为决策者提供思想建议和政策选择。二是咨政建言要成为知识沟通权力的桥梁。咨政建言要深度卷入公共事务，为政府提供有政策导向和时效性的产品。而学术研究通常不卷入公共事务，具有非政治色彩，一般不强调结论的时效性。即使学术研究成果转化也主要是在产业界进行，一般不涉及政界。三是咨政建言要能对决策者造成改变。因为咨政建言为了保障能进入决策圈和对教育决策者造成事实上的影响，就必须以通俗易懂的“公文体”取代“研究体”，或者说把研究语言转换为决策者通晓的政策语言，才能易被其理解、接受和建立共识。这个转换过程也需要对咨政建言进行所谓的“包装”和伴随运用一些营销和沟通技巧，更好地增强教育智库的回应性。教育智库通过提供咨政建言，或者改变已被广为接受的假设，或者提出研制新政策范式的方法，无论是哪一种情况，都要挣扎在彼此冲突的力量之间。教育智库要远离政治和保持中立，避免一般政客的肮脏与妥协的行为，但同时又不得不全力投入政治市场，服从于影响其他政治行动者的所有局限和妥协。③ 学术研究一般不追求对决策者造成改变或影响，也不会用公文体表达，其主要是满足象牙塔里学术共同体的旨趣。

5. 关于新型教育智库的职能

笔者归纳新型教育智库的主要职能有以下 7 种：政策预警、咨政建言、政策评估、舆论引导、交流平台、储备人才、第二外交。从上述三个案例剖析来看，新型教育智库的职能还要包括服务学校，一共是 8 种。这些职能丰富和深化了对智库职能的认识，但不能强求每一类型的教育智库都要完整地

---

① 比克，保尔，亨瑞克斯. 科学权威的矛盾性：科学咨询在民主社会中的作用［M］. 上海：上海交通大学出版社，2015：172 – 173.

② 马森，魏因加. 专业知识的民主化？探求科学咨询的新模式［M］. 姜江，马晓琨，秦兰珺，译. 上海：上海交通大学出版社，2010：8.

③ 史密斯. 科学顾问：政策过程中的科学家［M］. 温珂，李乐旋，周华乐，译. 上海：上海交通大学出版社，2010：3.

履行8种职能，因此教育智库职能的发挥也是因类有别。高端教育智库一定要在政策预警、咨政建言、政策评估、舆论引导、交流平台、储备人才、服务学校、第二外交等全面发挥8种职能，起到示范和引领作用。地方性官方教育智库可以围绕咨政建言这个核心职能，因地制宜地发挥其他7项职能，突出自身特色，培育核心竞争力。民间教育智库在围绕服务学校这个职能的基础上，要根据自身条件和环境，力所能及地延伸和拓展其他职能。

6. 关于新型教育智库的类型

根据图5-4的A、B、C型教育智库的二维分类示意图，A型智库主要归属半低调半理想型智库，B型智库归属于半低调型半平庸型，而C型智库则归属于平庸型智库。在朝向新型教育智库的目标上，A型智库应该朝着理想型智库转变，打造国家高端教育智库。B型智库的一部分朝着理想型智库转变，另外一部分着力建设为低调型智库，剩下一部分朝着倡导型智库转变。具体而言，省直辖市、国家中心城市的B型智库要朝着理想型智库转变，副省级城市及地级市的B型智库可以打造为低调型智库，而剩下的大多数市县级的官方教科研机构要向倡导型智库转变。C型智库要朝向倡导型智库或低调型智库转变。低调型智库、理想型智库和倡导型智库都是新型教育智库治理追求的目标。所谓的理想型智库，也叫高端智库。所谓高端智库是指经中央批准确定，以战略问题和公共政策为主要研究对象，以直接服务党和政府决策为宗旨的非营利性研究咨询机构。[①] 实际上，2015年1月出台的《关于加强中国特色新型智库的意见》已经对此初步进行界定：加强智库建

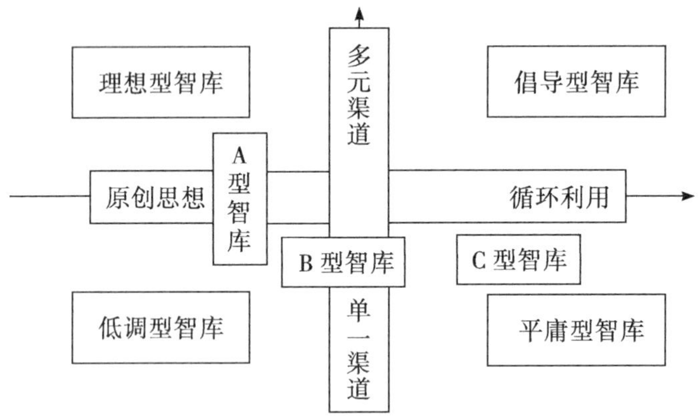

图5-4　A、B、C型教育智库的二维分类示意图

① 陶平生. 推进国家高端智库建设的路径［N］. 学习时报，2017-05-26.

设整体规划和科学布局，统筹整合现有智库优质资源，重点建设 50 至 100 个国家亟须、特色鲜明、制度创新、引领发展的专业化高端智库。显然，高端智库的基本特征在此被简练概述了，那就是国家亟须、特色鲜明、制度创新、引领发展。笔者认为国家亟须意味着高端智库的首要任务是国家服务，而且能够担当起为国尽忠的重任，这是建设的宗旨。特色鲜明，意味着高端智库在专属领域必须是顶尖的，能够引领全球或地区话语权和具有设置国际议题的能力。制度创新意味着高端智库不走寻常路，是智库改革的排头兵和引领者，就必须先行先试地进行体制机制改革，为顶层设计积累经验，出谋划策。引领发展，意味着不仅是自己成为顶尖，还要带领本领域相关智库一起发展，迈向卓越，整体提升新型教育智库的实力和影响力。当然，理想型智库总是少数，是国家教育智商的代表，在其周围簇拥的大多是不同类型和形态的倡导型智库和低调型智库。

（二）目前教育智库治理机制的特点与政策建议

1. 目前教育智库治理机制的特点分析

（1）政府分权和授权。

A 型智库担任“秘书处”角色，B 型智库担任“助手”角色，C 型智库则处于边缘化地位。越是距离权力中心近，越能发挥咨政作用，越能得到政府的分权或授权。但 A、B 型智库说到底还是体制内智库，不足以承担包办一切教育咨政决策任务，必须向体制外的民间教育智库开放和让渡部分参与决策的权力。“在公共政策制定过程中，多元主体的参与合作可以提高公共政策和治理网络的合法性”。① 尽管 C 型智库的专业水准还不足以承担起让渡的权力，但政府必须培育和提升民间教育智库的治理能力，使其发挥治理主体应有的功能，提高公共政策的合法性。

（2）治理主体。

政府是 A、B、C 型智库的监管者，A、B 型智库都是政策方案的承接者，C 型智库主要服务于学校，媒体很少参与监管治理，会出现评估主体及行业协会缺失的情况。媒体在传播教育政策理念和大众议程设置方面的作用也有待充分发挥。可见，民间教育智库的缺位和第三方评估机构的缺失成为新型教育智库治理机制的短板。

① SCHARPF F W. Games real actors could play：the challenge of complexity ［J］. Journal of theoretical politics，1991，3（3）：277－304.

（3）主体间互动。

A、B 型智库由于处于体制内，与政府的互动比较顺畅。A、B 型智库与媒体也能建立较好的互动关系，能够借助主流媒体进行政策宣传。体制外的 C 型智库缺乏与体制内的 A、B 型智库以及与政府之间的互动。它们与评估机构之间都没有互动。成熟的治理机制必然是各类主体有序互动、相互监督、相互激励的，因此，通过政府打破体制壁垒，通过采取重大决策的招投标等手段培育民间教育智库和第三方机构成长势在必行。

（4）自治网络。

目前新型教育智库的自治网络没有形成，还没有形成治理合力；评估主体缺失，民间教育智库缺位，媒体的议程设置能力有待提高；初步出现了自治网络的轮廓，但与雏形还有一段距离，但与成熟、多方合力的自治网络距离更远。

（5）治理手段。

对政府而言，目前的治理手段主要还是采取行政手段，但合同契约、引进竞争等手段开始频繁出现。A、B 型智库主要在内部采取科层制的控制手段，绩效管理手段有待提升。C 型智库主要采用绩效管理手段。媒体主要采用市场手段参与教育智库的治理。整体上法律手段的运用有待加强，治理手段有待进一步丰富。

2. 政策建议

目前新型教育智库的治理机制存在包括政府间、体制内的分权或授权不足，民间教育智库作为治理主体缺位，评估机构缺失，治理主体间互动频率较低，只是初步形成自治网络的轮廓，治理手段有待丰富等问题。相应的政策建议就是政府要塑造教育智库良好发展的生态环境，善于借助市场的力量培育民间教育智库和评估机构健康生长，使其有资质承接政府重大决策外包业务。政府要打破政府性质的教育智库的垄断格局，对民间教育智库和评估机构进行政策扶持和倾斜，通过分类资助、整笔资助、税收优惠、合同外包，大力培育和支持其发展。民间教育智库和评估机构作为重要的治理主体，一旦具备了承接资质和治理能力，遵循治理规则和边界参与互动，自治网络才能有望形成。政府要进一步丰富治理手段，综合运用行政、经济、法律和市场的治理手段使得各个治理主体在寻求各自目标达成的过程中，实现公共政策的帕累托改进。

（三）当前教育智库治理机制的完善建议

1. 教育智库主体有效运作的治理机制的完善建议

（1）健全法人治理结构。

事业单位性质的新型教育智库已建立党委领导下的（院）所长负责制，形成（院）所长统一领导、党支部监督保证和职工民主参与的权力分配与制衡结构。如果是非营利的民办非企业新型教育智库（民间智库），则可以依照《民办教育促进法》实行理事会领导下的总裁负责制。理事会作为这类新型教育智库的最高决策机构，负责审核智库的经费预算、议程设置及成果审查等。理事会中外部人占绝对主导，规定热心教育事业和品行端正的工商界人士、卸任政府官员及社区代表等外部理事要占据 80% 以上的比重。捐资创办这类新型教育智库的捐资人作为普通董事参与管理但不得担任理事长，日常运营由总裁负责，且允许长期连任。从目前来看，民间智库法人治理机构由于基本上是以“空壳公司”的名义运转，举办者是实际上的控制人，然后再聘请有声望和资历的教育界资深专家或离任政府教育官员担任管理者，权力只是在理事会内部进行配置。其尽管是非营利组织机构，但企业化运作明显，要做到“所有权和经营权实现分离”。理事会的治理机构比较健全，能够遵照章程运作，年检报告在自己网站向社会发布。在法人治理结构上 A、B、C 三类教育智库都要加强党的建设，健全党组织参与决策和监督机制，充分发挥党组织政治核心作用。

（2）实施矩阵式组织管理。

A、B 型智库都需要从沿袭政府的科层制管理向矩阵式组织管理过渡，C 型智库初步建立符合智库特点的新的组织管理模式——项目制组织管理。和世界上高端智库大多采取的是矩阵式组织管理模式最大的不同在于 C 型智库采取项目制组织管理，由项目负责人即副院长根据个人的人脉资源、教育专长、经验偏好等因素自由组建自己管控的项目团队。除财务外，其项目团队成员大都是临时拼凑起来的，他们只领取劳务回报，没有工资，项目一旦结束，队伍随之解散。这个项目制组织管理是目前民间智库最突出的组织特点，公允地说，有利有弊。利是在于能灵活汇聚各方智慧，创建出与众不同的新方案。弊是在于难以控制研究进度和难以打造核心竞争力。总体而言，这种项目制组织管理有待向相对稳定的矩阵式组织管理过渡。

那么什么是矩阵式组织管理呢？以兰德为例，研究人员在行政上归属不同学部管理。项目负责人根据所研究课题涉及的主要领域而挂靠某一研究部门，然后根据课题所可能涉及的学科领域，再到学部调配和编组研究人员，成立课题研究小组开展跨学科的研究，课题完成后研究人员再回到各自原来的学部去等待重新组合。这种矩阵式的组织管理已成为国际上高端智库的“标配”。

（3）培育团队领导者。

团队领导者的职责主要有保证员工积极高效地投入生产，维持催人奋进的工作氛围，保证研究报告的高质量，为智库高层决策献计献策，寻求和开拓新的研究项目，募集资金等。相较之下，A 型智库拥有少量的团队领导者，B 型智库团队领导者比较缺乏，C 型智库则更亟须加强团队领导者的培养，克服中层塌陷的危机，解决智库的顶梁柱石的建设问题。总体而言，各类型的智库的团队领导者的培育和培训工作都亟待加强，这是支撑智库扩大影响力，走向世界和永续发展，基业长青的基础。智库高层必须从战略高度充分体认到团队领导者培训的重要性和紧迫性。

（4）建立专家分类管理机制。

智库处于政界、商界、学术界、媒体界四界的交叉地带，必须有来自四界的精英加盟，高端教育智库更是如此，而以上三个案例都没有建立专家分类管理机制。当然，不见得每类智库都要拥有四界人才，但作为高端教育智库的培育对象，必须建立匹配四界人才劳动绩效的管理机制。比如对来自媒体界的人才和来自学术界的人才管理机制就应该不同。目前事业单位性质的教育智库还停留在研究中心或者政府秘书班子的定位中，亟须向新型教育智库的定位转变，延聘四界精英，建立专家分类管理机制。专家的调配也要注意其观点的均衡性，既能保证内部观点的多元性，也要达成方案的一致性。正如雷蒙德·斯特鲁伊克告诫的那样，一般来说，资深研究员在政策领域影响甚小，他们更多地在幕后扮演技术精湛的技术人员和撰稿人的角色。因此，智库需要帮助研究员进入政策团体，扩大他们的政策影响力，增加其研究员的公众曝光度。[①] 对此，三类教育智库都要引以为戒。当然，智库不能只是聘请研究专家，更要培养和提升研究人员队伍素质。那么从哪些方面培育高素质研究人员呢？教育部教育发展研究中心高书国主任建议主要从以下几个方面着手培育。第一，强化政治能力建设，具有从事战略咨询的国际视野。第二，培养发现问题和解决问题的能力。第三，培养从现实的思考中构建未来的能力。第四，要培育能针对复杂教育问题提出因应之策的能力。第五，培育高水平的学术语言、政策语言、新闻语言和故事语言的表达能力。[②]

---

① 斯特鲁伊克．完善智库管理：智库、“研究与倡导型”非政府组织及其资助者的实践指南［M］．李刚，等译．南京：南京大学出版社，2017：43.

② 高书国．教育智库能力建设的思考［J］．中国国情国力，2018（1）：23－25.

目前智库对其研究人员还是采用社会科学研究系列标准来评聘职称，与国际上高端智库相比，存在的问题主要有两个。一个是职称评聘主要靠论文和著作，而没有充分考量研究项目的分量；另外一个是职称的层级不够丰富。国内将研究人员分为研究实习员、助理研究员、副研究员、研究员等四个层级，而国际上一般分为研究助理、二级研究员、一级研究员、高级研究员、首席研究员及资深研究员等六个层级。四个层级难以体现智库的差异劳动，也不足以激励专业人员的进取心。

美国城市研究所研究人员的晋升标准①

美国城市研究所是世界一流智库之一，它拥有 400 多名工作人员。其研究议题非常广泛，在世界其他国家或地区也开展政策研究。该研究所研究人员的级别可分为 6 级，从低到高分别是研究助理、二级研究员、一级研究员、高级研究员、首席研究员及资深研究员。

研究助理的主要职责是根据指定的研究项目收集信息，协助调查研究，发放调查问卷，运用基础的统计方法对数据进行收集和分析等。

从研究助理到二级研究员的晋升标准主要有一般需要两年到两年半的研究助理的工作经验，调查研究的能力要达到硕士学位的水平，至少具备下列七项能力中的三项：(1) 擅长利用 SPS 或 STATA 等统计分析软件处理并分析复杂数据；(2) 至少对一个数据库或者项目软件有比较深刻的了解；(3) 较好的写作技能；(4) 在相关研究领域能有效地运用丰富的知识积累；(5) 能够有效收集数据；(6) 在团队合作时有出色的沟通能力和判断力；(7) 能够有效指导新的研究助理。

从二级研究员晋升为一级研究员的标准主要有至少需要四年二级研究员的工作经验，同时满足下列五项标准中的四项：(1) 在研究项目的开发和设计方面担任过重要角色；(2) 能够独立分析定性的信息或定量的数据；(3) 至少有三个独立著作或合著研究报告；(4) 管理过研究项目的主要部分（协调）；(5) 向客户展示过研究方法和研究发现（两次向客户展示或者两次学术性或政策性会议展示）。

晋升高级研究员的标准主要有要能多次证明其研究能力在完整性和创新性方面达到博士论文水平，而且还要达到以下四项中的每项类别的最低要求：(1) 出版物要求。在指定期刊以独立作者名义至少发表两篇论文。

① 斯特鲁伊克. 经营智库：成熟组织的实务指南［M］. 李刚，等译. 南京：江苏人民出版社，2015：238 -243.

(2) 传播要求。成为两份广泛传播和备受关注的报告的主要作者，在指定国家级会议上进行过六次论文宣讲。(3) 募捐要求。在两年时间内，完成三个专业人员每年研究活动所需资金的募捐和筹集。(4) 管理要求。在两年时间内，完成三个专业人员每年研究项目的管理工作。

晋升首席研究员的最基本的条件是至少要有15年的研究经验，同时必须在国内政策研究分析领域享有卓越的声望。具体通过下列成果来证明：(1) 大量的出版物如在顶级期刊发表大量论文，具有影响力的项目报告等；(2) 领导能力通过大量成功的、非常复杂的研究项目创新能力来证明；(3) 大量的资金筹集记录，为稳定单位的财政来源做出了很大贡献。

晋升为资深研究员的标准主要是要能在有关重大议题上在国内享有广泛的声誉，能够受到公共政策界的追捧，通常担任重要的职位，经常从事以下活动：(1) 在媒体上的曝光率高，为主流报纸撰写大量文章；(2) 在高质量论坛上能够针对广泛的公共政策发言；(3) 在政府重大咨询组或顾问委员会任职；(4) 出席国会听证会等。

城市研究所的总裁有任命资深研究员的自由裁量权。

(5) 健全分类绩效考核制度。

三个案例都没有专家分类管理机制，自然没有建立分类绩效考核制度，随着业务的拓展，需要建立包括来自政界、学术界、媒体界、教研员等不同专业的人员在内的分类绩效考核制度，实现来自各界的人尽其才、才尽其用、各得其所、优绩优酬。不能以一个标准、一个尺度衡量所有专家的绩效，绩效考核方案也要反映出四界人才的劳动特点。如对来自学术界人才更多考察其咨政报告和学术论文的质量，而对来自媒体界的人才主要考察其宣传推广和品牌塑造的绩效，等等。目前事业单位性质的教育智库在绩效考核方面亟待完善，虽然也实行了绩效工资制度，但绩效工资一揽子计划存在较为不公的权力分肥以及分配中的暗箱操作等现象，抑制了研究人员的积极性。必须参照美、德等国高端智库的绩效考核经验，真正把研究人员完成报告的质量和数量作为绩效考核的主要标准，建立符合事业单位性质的新型教育智库运作特点的绩效考核制度。

(6) 完善教育研究成果评价和应用转化机制。

A、B 型智库初步建立起成果评价和应用转化机制。C 型智库在教育研究成果评价和应用转化方面刚刚起步。一般的科研成果，主要是循环思想利用的成果，整体价值不高，主要是对学校发展、教育指导等经验的总结提炼。整体上三类教育智库都要积极地推进成果转化应用，更活跃地以决策简报、学术报告、学术期刊、报纸、电视、电台、社交网络与自媒体等不同转化形式扩大成果的影响力。

（7）建立资金筹集机制。

事业单位性质的教育智库需要向新型教育智库转型，首要的就是推行灵活的资金筹集机制。事业单位性质的教育智库如果建立基金会拓展新的经费来源，往往受到公益一类的身份限制。如果经费是自筹自支，又因为权力和资源过分集中而导致腐败，只能被财政约束绑定，不能自行获得其他资金，当然也不能发放人头费，而随着教育智库业务的拓展和扩充，工作量与日俱增，但其人员待遇受财政限制无法多劳多得，导致智库内部人员流失率很高。智库最核心的财富——人才都流失了，拿什么建设新型教育智库？因此必须探索新体制新机制。笔者认为改革的方向是要坚持半官方身份，回归公益二类。所谓半官方身份，是指依然保留行政级别，回归公益二类的定位，保持与政府的密切关系，坚持党的领导。这类教育智库的服务收入和经营收入属于政府非税收入的按规定纳入财政管理，实行“收支两条线”。公益事业发展所需经费由财政根据不同情况予以相应补助，财政部分的严格管理，自筹部分则可以灵活地发放人头费，以多劳多得的原则进行人员激励。所有经费都要接受财政、税务、工商部门和公众监督。民间教育智库的资金筹集方式要灵活多样，在慈善不发达情况下，可以通过探索会员制，稳定和扩大其资金来源，为民间教育智库的健康发展提供经费保障。民间教育智库经费来源要增加透明度，年度财务报表一定要在官网公布，才能增强可信度和公信力。

（8）塑造政策企业家。

政策企业家，目前学术界并没有公认的定义，尤金・刘易斯认为所谓政策企业家就是那些通过组织并运用集体力量以改变现有公共资源分配方式的人。① 当机会之窗开启时，政策企业家可以把其主张的政策推入政府议程，或将咨政方案提交政府采纳并付诸实施，从而推动政策创新。政策企业家可以是在政府内部的人，也可以是在政府之外的人；可能是官员，也可能是研究机构成员（这里所谈的政策企业家主要界定为智库研究人员或者智库领导者等）。政策企业家要把自己倡导的政策理念带进政策议程并形成政策文本，必须采纳多样化的行动策略。如找出潜在的竞争者，借助舆论削弱其反对的声音；将咨政方案与社会主流价值联系起来，增强政策创新的合法性。在确

---

① LEWIS E. Public entrepreneurship: toward a theory of bureaucratic political power [M]. Bloomington: Indiana University Press, 1980: 9.

保咨政方案的核心理念不受侵蚀的情况下，从其他组织获得资源和支持，达成交易和构建联盟；进行政策试验，用实际行动验证方案的可行性，打消对咨政方案可行性的质疑。[①] 政策企业家是政策创新的关键力量。唐纳德·E.埃布尔森指出，美国的一些智库将自己的成功归于旨在促进全国对话的政策企业家。这些企业家创立了智库，使其成为促进某种思想议程的制度工具。[②] 政策企业家具有这么大的能量和影响力，理应成为各教育智库争夺的首要对象。从三类案例来看，目前智库的政策企业家（领军人物）比较缺乏，甚至非常罕见，尤其是严重缺乏熟知政府议程和把握机会之窗的政策企业家，智库的精英人才只是集中在擅长各自领域的工作上，缺乏综合技能的培育，缺乏与高层决策者打交道的经验和技巧。冰冻三尺，非一日之寒。政策企业家的培育和涌现不仅对于新型教育智库建设的方向和质量起到关键作用，而且是新型教育智库治理走向成熟的重要标志。高端教育智库尤其要注重培育智库的政策企业家，助推其在世界教育政策的市场上引领潮流，掌控话语权。

（9）倡导智库的国际化。

和高校学术性智库相比，事业单位性质的官方智库的行政化还限制了高端教育智库的国际化发展。正如南京大学李刚教授指出：“官方智库目前是按公务员管，按照八项规定来管，其智库专家出国受到很大的限制。”官方智库受外事纪律规定的出国人数、时间和空间限制，使得高端教育智库专家即使出国也难以与相关同行进行充分的交流活动。受行政化的影响，智库人员出国次数和出访天数都有严格的限制，报批的手续更是漫长。而事业单位的封闭性使其很少有教育智库接受访问学者，甚至几乎没有教育智库聘任国际常驻专家。这对高端智库的国际化发展不利。为了配合“一带一路”倡议，必须打破僵硬的行政体制的束缚，建立符合新型教育智库特点的国际化发展的监管机制。正如李刚教授指出：“公共外交是高端智库的应尽责任。它要能在国际组织上说上话，要有影响力。但目前国内高端智库的公共外交能力很弱，亟待改观。”[③] 新型高端教育智库要积极走出去，精心谋划，选准时机，开设海外分部，提供教育决策的公共产品，传播中国的价值观和世界观，让分部所在国的人们乐意使用中国术语，按照中国观念进行思考，培养认同中国价值的朋友和伙伴。

---

① 朱亚鹏. 公共政策过程研究：理论与实践［M］. 北京：中央编译出版社，2013：98.

② 埃布尔森. 国会的理念：智库和美国外交政策［M］. 李刚，黄松菲，丁炫凯，等译. 南京：南京大学出版社，2017：133.

③ 李刚教授2017年11月23日参加在广州举办的“2017中国人工智能、智慧城市和全球治理论坛”后接受笔者专访。

2. 教育智库政府制度有效供给治理机制的完善建议

（1）建立健全新型教育智库的监管制度。

国家要尽快试点探索新型教育智库的建设标准和其专业人员的从业标准。智库从政界、商界、学术界、媒体界四界吸收人才，如果没有建立四界人才分类准入标准，尤其缺失智库科研员和教研员的专业标准，对于新型教育智库的监管不力，对于新型教育智库的专业化建设不利。在顶层设计的时机不够成熟的情况下，应该先设立试点，鼓励基层教育智库进行创新，然后提炼为顶层制度并向全国扩散。

（2）教育智库参与决策活动需要明确的分权或授权。

垂直领导下的体制使基层教育行政部门对科学决策的要求不高，一定程度上抑制了地方性教育智库的活力。赋权地方因地制宜地研制本地区的教育决策方案就成为激发地方主体意识和自觉意识的重要举措。在这样的环境下，教育智库要能与教育行政部门里有权依据专家建议而采取行动的官员（们）直接接触和互动，培养共同的价值观和志趣。官员（们）应当真诚地愿意花费时间和希望获得咨询建议，即使不采纳这些建议，也要表现出愿意倾听这些建议的姿态，而不是简单的敷衍。这样才有利于塑造智库生存发展的环境。

（3）完善重大决策问题外包的招投标机制。

这一点地方性教育智库反映更突出。政府出于“血缘”考虑，往往直接委托给事业单位性质的教育智库进行咨政建言。民间教育智库强烈呼吁政府的招投标机制应向社会开放，给民间教育智库同等竞争政策委托方案的研制机会。2017 年 5 月出台的《关于社会智库健康发展的若干意见》规定社会智库可以依法参与政府部门以政府采购、直接委托、课题合作等形式开展的政策研究、决策评估等。此举有助于解决这个难题。目前出现的问题主要有：没有进行招投标，或者招投标只是走过场，进行场外运作以规避招标，或者投标人串标抬标，轮流坐庄，等等。因此，必须健全重大决策的招投标程序，尤其要加强重点环节的监督管理，健全招标监督规程、投诉处理规程等一系列制度和办法。如建立健全对招标人的考核机制，落实责任追查制度，保障招标活动不受非法干预；建立健全统一的投标人信用档案，加强对投标人信用的跟踪和监管，严格其准入和退出制度，使其“一处失信，处处难行”。

（4）建立重大备择咨政方案的问责制。

教育部门不能仅仅把重大决策项目外包出去，还要加强检查力度。如对专业性、技术性较强或可能争议较大的重大事项通过招标至少让三家智库承担，从不同立场研制方案，组织专家、学者对三家教育智库提供的方案进行评估。此外，在决策和实施前，通过召开听证会、公告公示、意见征集等方式征询当事人和群众的意见，切实保障群众的知情权、参与权、表达权、监督权。教育部门要与智库签订招标合同，明确其职责权利和问责后果，使得招标的智库能够专一集中在客观公正的方案研制上，以避开利益集团的不当干扰；明确重大决策过错责任追究具体情形，以及对直接责任者、主要领导责任者等所采取的组织处理和纪律处分。

（5）发挥智库行业的中介作用。

智库行业的协会主要由教育智库自下而上组织起来的自律性的行业协会组织，主要承担制定行业发展准则，规范内部竞争，维护行业整体利益的职责。具体职能包括维护智库会员单位的合法权益，向会员单位提供培训、评估、咨询指导等方面的服务，加强国际联络渠道，协调对外活动，代表会员单位的利益，向政府反映意愿和建议，开展自律管理，约束会员的市场行为，反对不正当竞争，等等。目前事业型教育智库附属于政府，没有开展竞争的意愿和压力，几乎没有建立智库行业协会的需求。民间教育智库刚刚兴起，陷入草创阶段各自为政，各自混战的格局，亟须智库行业协会的出现以进行自我规范和净化。当然，这是一个自发出现的过程，理应交由市场来培育。

（6）建立新型教育智库的评估体系。

评估体系是新型教育智库进行监管的重要基础和依托。不管是官方教育智库还是民间教育智库，都存在失灵问题。不管是官方智库还是民间智库，本都应该追求咨政建言的公益最大化，但很多时候受到利益集团的收买和蒙蔽，出现为利益集团代言的情况，使得客观公正的产品染上不该有的偏见的色彩，透露出倾向利益集团的立场和态度。因此开展智库之间的评估和排名，使得违背自己承诺和丧失诚信的教育智库通过公开透明的评估而被清理出思想市场，对于净化教育智库的生态、培育品牌教育智库的茁壮成长非常关键，也为政府的监管提供客观依据。正如李刚教授指出的那样，“中国智库目前还处于婴儿期，还没定型。因此对评估排名的权威性、科学性不能估计太高。应该看到中国智库目前进行排名也有其意义，可以引导智库规范发展，塑造良好生态，使得智库概念家喻户晓，助推一批智库成长。”① 因此，要加强研究智库的评估问题，尽早建立具有公信力的评估体系，为新型教育智库的健康发展保驾护航。

---

① 李刚教授2017年11月23日参加在广州举办的“2017中国人工智能、智慧城市和全球治理论坛”后接受笔者专访。

第六章　新型教育智库的治理机制建构

本章根据第五章跨个案比较分析与研究结论的基础上，再借鉴美、德、日代表性的高端智库的治理机制经验，进行新型教育智库治理机制的建构。这里有一个问题不能回避，那就是通过个案研究取得的结论能否推广？这个问题学术界存有争议。反对者表示存疑，赞同者的观点如下：个案研究要想取得推广，在设计个案研究时应尽可能使研究成果应用于代表正被研究的现象的其他个案。一种方法就是择取典型性和代表性的个案或者进行多个案的交叉设计，以充分代表要调查的普遍现象。另外一种方法是把推广的责任放在“使用者”身上，具体情境中的使用者有权决定在自己的环境中是否应用个案研究成果。正如李·克龙巴赫指出的那样，在社会科学中任何普遍性结论都只能被看作是一种试探性的假设，必须接受每个现场或情景的具体条件的检验。[①] 显而易见，本论文分类抽样研究的个案不仅具有充分的代表性和典型性，而且进行了多案例设计，以充分反映要研究的对象的普遍性。

一、美、德、日高端智库的治理机制透析及启示

根据著名智库研究专家詹姆斯·麦甘恩的观点，美英智库同样贴上“盎格鲁—美利坚”的标签，表现出较强的“独立自主、远离国家和私人部门利益”的趋同性和一致性。[②] 因此这里择取美国高端智库的治理特点作为美英的代表。法国和德国的智库发展模式较为接近，都认为如果不是政府资助，由私人基金资助仍会产生某种程度的腐败，所以只有政府资助的智库才是独

① 高尔，等. 教育研究方法导论［M］. 许庆豫，等译. 南京：江苏教育出版社，2002：475－476.

② 麦甘恩，威登，拉弗蒂. 智库的力量：公共政策研究机构如何促进社会发展［M］. 王晓毅，张倩，李艳波，等译. 北京：社会科学文献出版社，2016：47.

立的。因此本文择取德国高端智库的治理特点为德法的智库代表。日本在亚洲地区的数量排名仅次于中国和印度，位居第三，但在国际顶级智库排行榜中表现惊艳，如日本国际问题研究所（Japan Institute of International Affairs）在2015年全球顶级智库前50名中排第15位，亚洲开发银行研究所（Asian Development Bank Institute）排在第29位，在前50名排行榜中中国有四家智库入选，排位分别为：中国社会科学院排第31位，中国国际问题研究院排第35位，中国现代国际关系研究院排在第39位，国务院发展研究中心排在第50位。赶超日本高端智库应该是中国新型教育智库的短期目标。研究和学习日本高端智库治理机制的经验对于中国新型教育智库的崛起来说尤为必要。

（一）美国高端智库的治理机制透析

美国智库兴起的动力主要有四个：第一个是社会精英致力于社会改良的意愿。第二个是大资本家利用知识分子的研究成果为现存的经济社会秩序辩护，利于统治。[①] 第三个是捐赠的传统。美国慈善文化非常发达，美国文化不鼓励"富二代"，更鼓励白手起家为信仰——上帝增添荣光。因此富人更愿意把财富捐赠给社会，回报社会（而不是传递给后代），以增添声望，并成为一种传统。第四个是美国政党研究机构的缺乏与政党地位的下降，加上高度分散的政治体系，为智库创造了大量机会推销自己的理念与观点。[②] 这些都为美国智库非营利性、独立性且与政府保持适当距离提供了社会文化环境。因此美国高端智库治理有如下的特色：

1. 美国高端智库的治理机制特点

（1）政府分权和授权。

美国政治体系分散，人们普遍对政府不信任，所以美国的公共决策不得不倚重社会团体力量的介入。这种介入不仅平衡利益相关者的关切，也使得偏激的政治观点得以避免，保持社会的治理处于一种平稳运行的状态。在法律上，政府对社会团体不仅有分权，也有授权，使得美国智库政治地位获得了法律上的保障。

（2）治理主体。

美国社会是现代社会管理思潮的试验田。美国公共政策是多元合力的结

① 魏红霞. 美国的新思想库［J］. 美国研究，2010（3）：107－126.

② 埃布尔森. 国会的理念：智库和美国外交政策［M］. 李刚，黄松菲，丁炫凯，等译. 南京：南京大学出版社，2017：86.

果。在政策研制的共同体中，高端智库与政治家、官员、独立学者、媒体、利益集团、社会组织等都是平等的一员，都是社会治理的重要主体之一，只不过高端智库是以提供高质量智力资源的方式参与公共决策。

（3）主体间互动。

美国高端智库之所以能够左右美国政治、经济、社会、军事、外交、科技等重大决策，就是源于其与政界、商界、学术界、媒体界成功的跨界互动。不仅高端智库的人才来自于上述四界，而且其善于利用四界的合力追求公共利益，为国家重大决策服务。

（4）自治网络。

在美国，市民社会的发展程度高，引入社会力量参与公共治理是美国治理的典型特征之一。因此，美国在新公共管理及新公共服务的浪潮推动下，建立了比较成熟的自治网络。高端智库自身的治理也镶嵌在这个自治网络之中，并成为自治网络的重要组成部分，各相关主体有着明确的权力边界、职责边界以及活动边界，有序有效地参与公共治理。

（5）治理手段。

美国高端智库的治理手段多样，有政府与高端智库签订合同外包的契约手段，有在思想市场上不断刷存在感的竞争手段，有明确规定能力不同、资源不同、规模不同的智库平等参与治理的法律手段，偶尔也会运用行政手段来规范市场竞争。总体而言，契约和法律手段更为常见。

2. 美国高端智库的治理机制内外部视角透析

（1）美国高端智库主体有效运作的治理机制透析。

第一，健全的内部治理机制。美国高端智库一般实行理事会领导下的总裁负责制度。以兰德公司为例，理事会是公司的最高决策机构，负责审核公司的经费预算和课题立项及审查主要研究成果。理事会成员主要有离任政府官员、学术界及工商界知名人士等，各占约三分之一。理事会主席及成员定期更换，负责日常运作的总裁可以长期任职。

兰德公司还建立了符合智库工作特征的人员组织形式。兰德公司在研究人员和研究计划之间实行矩阵式的组织管理，其研究人员在行政上按其教育和学科背景归属六个学部领导。兰德公司又按研究课题设立很多研究部门，项目工作的开展及经费管理主要由研究部门负责，而学部主要负责人力资源管理等。项目负责人在研究部门领取任务，再根据课题研究需要到不同学部招聘和调配研究人员，成立课题研究小组开展工作，课题完成后研究人员再回到各自原来的学部等待下一个研究的重新组合，这样就形成内部流动的人才市场。[①] 这种组织模式既有利于研究人员整体的交流提升，又符合研究项目需要的跨学科研究的特点，因而成为智库典范的组织形式。

第二，打造独具特色的“专属领域”。传统智库都有比较固定的学术立场和专注领域，并在此特色领域培育和积累了相当强大的核心竞争力，在该领域主导地区性和全球性事务的话语权。比如，兰德公司主要研究集中在与军方需求相关的国际战略问题。[②] 布鲁金斯学会一直以来主要关注美国国内事务的政策制定，而外交关系委员会则在美国外交政策领域独领风骚。与布鲁金斯学会的保守主义的立场不同，美国企业研究所一直坚持自由主义的学术路径。正如有人分析那样：“当面对社会问题的时候，那些首先走进美国企业研究所的轨道的人们，将可能得到一个市场化的解决方案……而走进布鲁金斯的人们将依靠政府的力量寻求解决。”[③]

第三，建立保证研究质量的内部同行评审制度。兰德公司的学部主任对其研究方案通常邀请两位该领域未参加这项研究的资深同行（不一定是学术权威）作为评审员，进行该方案的期中审查和期末审查，以及咨询报告的初稿预审等，主要检核其是否达到了兰德公司的质量标准。[④]

第四，建立符合智库特点的沟通渠道。结合智库的特点，建立健全与政府的沟通管道，以获得被政府更多直接聆听的机会。要对形成决策的“有效干预人群”进行游说。“思想的沟通还包括将他们的信奉者安排进政府工作，只有这样，他们才能够影响政策制定。”[⑤] 除了利用“旋转门”机制争取与决策权力的融合外，还要提高与政府高层建立良性互动的质量，使得高端智库的咨询报告及时上达主要决策者的台面。高端智库也应及时根据咨询意见的回应和反馈，有针对性地进行修正和完善，在这个互动过程中提高智库专家的威望和影响力。正如威尔逊指出的，最有影响的政策知识分子是那些尽力将某一理论或方案和政府官员实际工作需求或计划联系在一起的研究人员。[⑥]

---

① 王继承，冯巍．兰德公司人力资源管理经验启示［M］//王佩亨，李国强．海外智库：世界主要国家智库考察报告．北京：中国财政经济出版社，2014：15.

② 金芳．国际知名智库跟踪研究系列：当前国际智库的发展趋势及研究方向［J］．社会观察，2008（2）：108－110.

③ 戴伊．理解公共政策［M］．彭勃，等译．北京：华夏出版社，2004：38.

④ 赵志耘，杨朝峰．中美思想库比较研究［J］．中国软科学，2011（7）：17－23.

⑤ 史密斯．思想的掮客：智库与新政策精英的崛起［M］．李刚，等译．南京：南京大学出版社，2017：222.

⑥ 基夫斯．教育研究方法：上［M］．石中英，译．重庆：西南师范大学出版社，2011：77.

第五，重视成果销售。高端智库不能认为研制出政策方案就大功告成，它必须要被输送到决策者或大众手里，即投放到政策市场中去。为此，高端智库要与政府建立知识传输的渠道，为其客户提供使用“产品”的指南，并建立反馈机制，以便为改进方案继续工作。美国传统基金会的会长说：“思想就如同其他任何产品一样，需要走向市场，需要赢得受众。”传统基金会是卓越思想的推销者和推广者（自称“二手思想贩子”），每年都要发行近两百种出版物，内容涵盖了从短篇政策简报到长篇大论的书籍。[①] 传统基金会承认其目的不是学术研究而是为了宣传，致力于搜集那些符合基金会倡导的特定思想的事实和观点。“职员不是加入了一个学术组织，而是为了特定信念工作。”[②] 在销售其研究成果方面，高端智库主要采取了人际传播、组织传播和大众传播等形式对社会精英及公众进行思想启蒙。一些高端智库拥有宣传其政策理念的旗舰媒体，如外交关系委员会主办的《外交》杂志、战略与国际研究中心的《华盛顿季刊》、兰德公司的《兰德评论》、布鲁金斯学会的《布鲁金斯评论》及斯坦福胡佛研究所的《政策评论》等。此外，高端智库还举办各种形式的研讨会，建立网站，出版书籍和研究报告，向政府部门递送简报，为有影响力的媒体撰写文章，出席听证会等，引导舆论和传达出对某领域政策的话语权。

（2）美国高端智库政府制度有效供给的治理机制透析。

第一，完善的法律监控。美国的法律对智库作为法人从事政策咨询的非营利的组织和机构有着严格定义，对智库的运作、权利和功能有比较详细的规定。比如，美国的《联邦咨询委员会法》有关于智库为政府政策咨询机构的规定。《联邦所得税法》第 501 条款中的（c）（3）条款有对智库作为法人的非营利组织的法律规定。第 501 条款规定的法律优惠适用于非营利性质的智库。美国税法还规定，美国的非营利组织不能试图影响某项具体的立法，也适用于登记为非营利性质的智库。鉴于美国智库有与政府高官面对面的交流机会，以防智库由此可以直接影响某项具体政策，美国颁布了《从政道德法》，严格、明确地对前政府官员退役后的干政行为提出了警示，严格禁止对现任官员进行游说。美国还规定咨询委员会的功能仅限于咨询性质，所有其审议的事项都应由有关官员和机关依据法律规定做出决定。[③] 完善的

---

① 史密斯．思想的掮客：智库与新政策精英的崛起［M］．李刚，等译．南京：南京大学出版社，2017：215.

② 史密斯．思想的掮客：智库与新政策精英的崛起［M］．李刚，等译．南京：南京大学出版社，2017：220.

③ 沈进建．美国智库的法律责任与法律约束初探［J］．智库理论与实践，2016（1）：75－80.

法律监控，使得美国高端智库运作规范，使得其客观中立的研究有了制度保障。

在美国各类智库参与咨询重大公共政策已经成为法定决策的一环。美国政府在提交公众咨询的政策方案时一般附有专家的咨询意见和评估报告，目的是提高公众对政策方案全面、专业的认识。智库也会收集和听取公众意见，促进备择方案日臻完善。①

第二，以独立的主体身份在政府与社会间工作。美国高端智库由于坚持独立性而与媒体界共同构成立法部门、司法部门和行政部门之外的“舆论部门”（即第四部门）。第四部门的地位来自于其运作的独立性。美国高端智库的运作流程是通过与客户（主要是政府）签订合同的方式保持独立运行，并就双方约定的内容最终达成“项目说明书”，智库在规定的期限内按期完成合同内容。一般情况下，兰德公司会向客户提供多达 5 个决策备选方案，并把每一种方案可能产生的有利后果及不利后果都告诉雇主，由雇主自主权衡取舍。② 这种做法保持了知识权威和科学形象。借助其人脉资源和政策群体，智库拥有超边界的性质，可以担当中间人的角色，智库不是简单地向政府传达信息，一般不会面临知识和权力的撕扯的两难困局，而是表现为知识和权力之间的某种连接，智库的使命就在于以独立的主体身份在政府与社会间工作，使得知识和权力彼此共生、相互依存。

第三，塑造思想市场。为了促进思想的创新性，美国咨询业已经形成了一个越来越拥挤的思想市场，观念的竞争也越来越激烈。为了获得聆听和注意力，智库不得不关注思想的原始创新，向政府提交非常规的、创造性的破解方案。同时，思想市场逐渐国际化，智库都与其国际同行建立越来越多的联系，提高了研究成果的传播能力，促进不同地区更明智的政策对话。但过度失衡的思想竞争也可能会给美国智库带来一些不利影响。当智库的生存成为压倒一切的任务，对于生存的恐惧会夺走本应属于思想创新的资源，转而诉之于加大营销、公关和宣传等，模糊政策研究机构与政策鼓动机构之间的边界，面临失去学术声誉的风险。正如麦甘恩指出的那样，在思想市场上，很多时候，项目资助和定向资金仅仅是表象，其深层目的是影响研究的议程和结果。这种扭曲明显限制了智库产生创新建议和独立研究的能力。尽管智库受到党派政治及资金影响，但不能据此判断所有智库都是功能失调。这不

---

① 王莉洁，侯继来．美国智库建设、管理与运行考察报告［M］//王佩亨，李国强．海外智库：世界主要国家智库考察报告．北京：中国财政经济出版社，2014：6．

② 李玲娟．美国智库的研究及对中国民间智库的启示［J］．辽宁行政学院学报，2008（6）：27－28．

是说所有的智库都能做到完全的学术的客观、中立，而是说即使在这种压力下，智库的最重要的特点仍然是保持相对的知识独立性，通过协调、合作和联合，智库可以以尽可能正面和积极的方式回应上述压力。①

（二）德国高端智库的治理机制透析

1. 德国高端智库的治理机制特点

（1）政府分权和授权。

德国高端智库参与决策同美国智库一样获得了法律上的保障。德国政府在进行重大决策时，先向智库进行咨询，然后经媒体讨论、国会听证，最后由政府转化为政策实施。

（2）治理主体。

在德国公共政策中高端智库是重要的治理主体，具有独立的非营利性质的身份定位。影响公共政策的还有政府官员、媒体、学术界、实业界等多元主体，智库成为多元主体之间互动的纽带。

（3）主体间互动。

德国高端智库像美国高端智库一样成功地与其他治理主体互动（德国禁止官员向智库流入，但智库人才可以流向政府），使更多的人了解智库的目标和咨政方案的观点，以引导舆论和社会思潮达到影响政府决策的目的。

（4）自治网络。

德国也建立了比较成熟的自治网络。德国的高端智库行业组织在进行自律、协调智库间的冲突等方面发挥了重要作用。德国也形成了比较成熟的智库评价机制，净化了智库的运营生态，塑造了一个自我洁净、自我更新的智库自治网络。

（5）治理手段。

德国高端智库的治理手段也很多样，主要采用市场的手段进行竞争，也有政府与智库签订合同外包的契约手段。总体而言，像美国高端智库一样，契约和法律手段更为常见。

2. 德国高端智库的治理机制内外部视角透析

（1）德国高端智库主体有效运作的治理机制透析。

第一，学术主导。高端智库要想取得预期的研究成果，必须充分发挥研究人员的作用，尽量排除各种非学术因素对学术的干扰。德国高端智库坚持

① 麦甘恩，威登，拉弗蒂. 智库的力量：公共政策研究机构如何促进社会发展［M］. 王晓毅，张倩，李艳波，等译. 北京：社会科学文献出版社，2016：53.

以学术为中心的原则，重大事项的决策一定要征得研究人员的共识。德国高端智库专业人员走的是独立于公务员的职业道路，行政部门定位于为科研提供服务。比如德国经济信息研究会的管理委员会规定必须有著名研究人员参加，研究人员委员会享有广泛的决策建议权，研究部门的负责人由学术委员会推荐并从所在大学的知名教授中聘任，绩效评估也主要由国内外专家组成的队伍实施，等等，为学术主导提供了切实保障。① 正是坚如磐石的学术主导，缔造了德国高端智库严谨深厚的底蕴。不同于美国的倡导型智库倾向于给政府的决策问题直接“开药方”，德国高端智库则为政府提供制定正确决策的多种可能性，而不是唯一的可能性，致力于严谨的“慢功夫”，而不是快速地提供答案，具有相对的迟滞性。也就是说，高质量与即时性是鱼和熊掌，不能兼得。

第二，严格的研究程序与内部成果评审制度。德国高端智库为了保证研究水准，成立了独具特色的科学家委员会和咨询委员会。科学家委员会的成员来自全世界，科学家把自己的专业知识分享到相关课题中去，对相关课题进行分析论证，以确保研究成果的高质量和权威性。咨询委员会的成员来自社会的各个层面，包括政治家、科学家、企业家等，主要对智库的研究内容进行评判，督促其研究要接地气，要回应市场关切。② 德国高端智库对研究质量有着严格的考核标准，内部考核每4~5年进行一次，主要是各部门对自己的产出进行内部评估和总结。比如在专业学术期刊发表的论文数，作为独立的部门对于智库的整体研究发挥作用的比例以及部门每年获得的结余，等等。外部评估则是接受莱布尼茨协会的评价。

第三，同美国高端智库一样，德国高端智库也实行矩阵式的内部研究机制。其采用学科类别与研究课题相结合的矩阵研究机制，纵向是把所有研究人员按照学科类别分组，横向是对不同性质的课题，从不同研究部门挑选合适的研究人员组成课题组，进行跨领域合作研究。③ 如果智库内部没有合适的人选，就从外部招聘（非终身职位人员），或者针对这样的课题新设一个研究部门。

---

① 李国强，王伟．德国智库发展的启示［M］//王佩亨，李国强．海外智库：世界主要国家智库考察报告．北京：中国财政经济出版社，2014：109.

② 李国强，王伟．德国经济信息研究会运行概况［M］//王佩亨，李国强．海外智库：世界主要国家智库考察报告．北京：中国财政经济出版社，2014：131.

③ 李国强，王伟．德国智库建设、管理与运行考察报告［M］//王佩亨，李国强．海外智库：世界主要国家智库考察报告．北京：中国财政经济出版社，2014：99.

（2）德国高端智库政府制度有效供给的治理机制透析。

第一，德国有较为成熟的咨询业市场。德国所有的智库都采取市场化的取向运作，但不以营利为目的。在德国文化传统中，缺乏美国式的独立的政策分析和研究的传统，公共部门资助的比例较高（至少 75%），国家承担了智库领域资助者和主办者的责任，只有政府资助的智库才被视为是独立的。① 但是德国高端智库发展却采取市场化的竞争路径，及时满足政府和市场需要，不断地优胜劣汰，净化智库生态环境。

第二，发挥了智库行业组织的作用。1954 年成立的德国咨询协会，会员单位有 500 个。该协会发挥互利互助、自律、桥梁等作用，帮助会员单位改善智库的经济环境，定期出版推介智库的刊物，为会员单位提供咨询经验和信息交流服务，帮助培训智库的专业人员，帮助会员单位协调各种社会关系、排忧解难，等等。

第三，形成比较成熟的智库评价机制。评价机制主要体现在莱布尼茨协会评估作用的发挥。按照德国《基本法》第 91 条 B 规定，接受国家资助的研究机构，必须要加入莱布尼茨协会，并接受每 7 年一次的评估。想加入莱布尼茨协会并非易事，首先所有申请加入的智库都要通过第三方的评审机构来评审其研究水平是否达到国际水准，只有达到评判的标准后才可以申请加入。在加入之后，每 7 年还要接受莱布尼茨学会的评价。评价结果有优秀、合格与不合格三个等级。评为优秀的每 7 年后再接受评价，评为合格的智库继续保留 3 年经费支持，3 年后再评价。评价结果不合格的智库则被清除出莱布尼茨协会。出局者就没有了国家财政支持，自生自灭。为了生存，这类智库就必须不断振作精进，不断提高研究质量，期待有朝一日能再次加入莱布尼茨协会。莱布尼茨协会就是通过这种以评促建和推陈出新的方式不断提高成员的研究水准和国际竞争力的。② 评价的标准却值得探讨。马丁·蒂纳特指出，莱布尼茨协会看重的评估标准主要是高校遵循的学术标准——机构人员在顶级国际期刊发表论文的数量，这一导向保障了研究质量，却不是以政策与公开辩论为导向。③ 这一点值得新型教育智库的治理机制反思。

---

① 麦甘恩，威登，拉弗蒂．智库的力量：公共政策研究机构如何促进社会发展［M］．王晓毅，张倩，李艳波，等译．北京：社会科学文献出版社，2016：56.

② 李国强，王伟．德国科研评价机构：莱布尼茨协会评价体系［M］//王佩亨，李国强．海外智库：世界主要国家智库考察报告．北京：中国财政经济出版社，2014：148－149.

③ 蒂纳特．德国智库的发展与意义［M］//唐磊．当代智库的知识生产．北京：中国社会科学出版社，2015：141.

（三）日本高端智库的治理机制透析

1. 日本高端智库的治理机制特点

（1）政府分权和授权。

日本高端智库参与决策同德国、美国高端智库一样获得了法律上的保障。日本制定相关法律使得智库的治理有法可依。日本政府在重大决策前都会以咨询会、审议会、恳谈会等形式进行论证分析，日本高端智库的发展得到政府的授权与支持。

（2）治理主体。

官方和企业高端智库已经成为日本公共政策重要的治理主体，尽管身份性质各异，但一般都能灵活高效地影响公共政策。反而日本民间智库存在发育不良、活力不足的现象。

（3）主体间互动。

日本高端智库管理层都是来自政界、商界、学界的精英，这有利于高端智库与不同治理主体之间的互动，有利于开展综合性的、跨领域的项目研究和宣传推广工作。

（4）自治网络。

日本也建立了比较成熟的自治网络。日本有协调智库发展的综合研究开发机构（National Institute for Research Advancement，NIRA），除了进行综合研究外，还协同其他高端智库开展研究，培训人员，发布《智库年报》，维护智库行业的良好生态。

（5）治理手段。

日本高端智库的治理手段也很多样，像德国一样主要采用市场的手段进行竞争，也有政府与智库签订合同外包的契约手段，不过契约和法律手段更为常见。

2. 日本高端智库的治理机制内外部视角透析

（1）日本高端智库主体有效运作的治理机制透析。

第一，日本法律对不同的法人形式规定不同的组织结构。日本的公益法人有四类，即一般社团法人、一般财团法人、公益社团法人、公益财团法人。日本法律对不同类型的法人团体有着组织管理结构方面的严格规定，因而日本高端智库的基本组织和管理结构取决于其法人类型。比如，日本法律规定一般财团法人机构必须依法设置评议员会，评议员会依据一般法人规定的事项及章程进行决议。依据法律，社团法人要设置社员总会作为社团法人型智库的最高决议机关。日本的公益财团法人型智库的管理层一般由评议员会、监事、理事会、会长和管理团队组成。管理层内分工明确而又相互制衡，以此保障高端智库有效开展活动。①

第二，以项目为导向灵活组建研究团队。团队带头人可以是智库专家也可以是库外专家，团队成员既有库内专家也有库外专家，但一般都是某领域的资深研究者。一般情况下库外专家占多数，一旦项目完成，项目团队也随之解散。

第三，通过人才交流的形式培养智库年轻人才。日本高端智库通常非常注重年轻人才的培养和储备，制定了青年人员定期轮岗和外派的研修制度，即智库将青年研究人员派往政府部门、高校、企业以及其他研究机构工作，通常时长为1~3年，工资由派遣智库支付，期满后要返回智库工作。由于派遣研究员制度，智库也会接收外部机构相关人员进入智库工作。智库通过交流，为青年人才提供锻炼与提高的平台，帮助其专业成长，更熟悉政府的决策流程，能够提出更加适切的政策建议。②

（2）日本高端智库政府制度有效供给的治理机制透析。

第一，成立智库的协调机构，为高端智库的发展提供法律基础。20世纪70年代日本掀起智库热。1973年《综合研究开发机构法》公布之后，1974年日本成立了综合研究开发机构（NIRA），负责每年对日本的智库进行跟踪调查并发布《智库年报》。日本智库的协调性机构还有1975年成立的“日本智库协议会”以及1985年成立的“地方智库协议会”等。③ 这些协调性机构设定适当的研究项目，委托其他智库进行调研，或者加强协同研究，沟通和促进高端智库之间的交流和联系。日本政府从战略地位重视高端智库发展还体现在为其发展奠定法律基础，“早在20世纪50年代，日本就先后制定了《企业合理化促进法》《中小企业诊断实施纲要》和《中小企业指导法》，为智库有序、协调发展提供了法律保障”。④

第二，日本的高端智库不仅服务政府，还服务企业。日本国际大学教授信田智人认为日本高端智库对政府的决策影响作用不大，主要原因在需求层面，日本官僚系统过于强大，缺乏政党轮替也造成智库的“市场需求”不足；在供应层面上，受日本学界崇尚“史料至上主义”影响，日本高端智库

① 朱猛. 日本智库的运作机制：以日本国际问题研究所为例［D］. 北京：外交学院，2015.

② 胡薇. 日本智库的发展现状及启示［N］. 光明日报，2016-11-16.

③ 程永明. 日本智库的发展现状、特点及其启示［J］. 东北亚学刊，2015（2）：22-27.

④ 王志章. 日本智库发展经验及其对我国打造高端新型智库的启示［J］. 思想战线，2014（2）：144-151.

对重大现实关切的主题重视不足；等等。① 但是日本高端智库对企业的成果转化非常高，因为其研究的课题大多来自于企业的委托课题，研究的针对性和时效性强，有彼此合作的积累，转化机制比较成熟。即使是自主设置的课题，由于前瞻性和商业价值高，也能获得企业青睐。②

第三，构建官、学、研结合的开放型研究体系。日本政府重视高端智库的发展，实施了派遣研究员制度，即政府、大学、研究机构向高端智库派遣研究员。这样就使得日本高端智库集合了来自政界、学界和研究机构的各类人员，便于跨领域的交流。以日本经济产业研究所为例，其研究人员主要有五类：专职研究员，其主要来自政府、大学、研究机构等；教职研究员，主要由大学教师兼任；顾问研究员，主要是在行政机关任职利用业余时间参与研究的人员；客座研究员，主要是外国大学教授；访问学者。③

第四，项目委托上集中多家智库的智慧。日本政府为了保障高端智库的研究尽可能做到全面、客观，常常将同一研究项目同时委托给多家高端智库共同来做，以便将不同高端智库的观点、主张综合在一起，使得研究更有深度、更客观和更全面。④

（四）美、德、日高端智库的治理机制启示

正如麦甘恩指出的那样，智库存在于特定的法律、政治、社会和经济环境之中，智库的角色和作用往往由这些外部环境限制和决定。⑤ 美国高端智库起源于为政府决策服务的思想，注重政策分析方法的开创性，因而体现出巨大的决策影响力。而德国高端智库主要脱胎于高校科研机构，注重学术主导，而德国学术又过于注重人文传统和人文精神，对于新技术、新方法和新手段的采纳显得有些滞后。德国高端智库对于新现象、新问题的研究，似乎总是要落后于国际同行。⑥ 所以德国高端智库对决策的影响力远不及美国同行。日本高端智库对决策影响力没那么大的主要原因则是缺乏政党轮流交替的市场需求及日本学术注重史料价值的传统影响，但日本高端智库对企业的

---

① 朱猛．日本智库的运作机制：以日本国际问题研究所为例［D］．北京：外交学院，2015.

② 王志章．日本智库发展经验及其对我国打造高端新型智库的启示［J］．思想战线，2014（2）：144－151.

③ 杨华，余军．日本智库建设、管理与运行考察报告［M］//王佩亨，李国强．海外智库：世界主要国家智库考察报告．北京：中国财政经济出版社，2014：180.

④ 程永明．日本智库的发展现状、特点及其启示［J］．东北亚学刊，2015（2）：22－27.

⑤ 麦甘恩，威登，拉弗蒂．智库的力量：公共政策研究机构如何促进社会发展［M］．王晓毅，张倩，李艳波，等译．北京：社会科学文献出版社，2016：51.

⑥ 王智勇．德国的思想库［J］．国际经济评论，2005（2）：60－64.

咨询服务影响很大。

与美国高端智库刻意保持与政府的一段距离及德国高端智库大量接受政府资助的情形相比，日本大量存在的是与政府、企业等有着一定隶属关系的智库。这体现出各国高端智库适应本国国情的特点，而不是互相贬抑的借口。任何倚重单一经费来源的高端智库都不得不面临独立性受到影响的危险。丹尼尔·德雷兹纳指出，“很多美国智库已经接受了可能外显或内隐地限制它们智力自由的资助，包括布鲁金斯学会、战略和国际研究中心及全球发展中心等高端智库”。①马丁·蒂纳特指出，德国高端智库也不管其标榜如何独立客观，其高级研究人员的价值观与偏好，以及该智库的赞助者的政策偏好都会给任何一家智库要宣传的政策理念限制了范围。② 真正绝对的独立智库只能存在于想象中，这是从比较中获得的第一个启示。因此，必须放弃独立性的争执，判断独立程度高低的标准主要是看智库专家能否实事求是地不受干扰地得出研究结论。加强对智库专家独立研究的保护，是智库生存发展的前提。更重要的是考虑如何提升智库对决策的影响力，注重跨学科研究方法的融合，把自己打造为决策者可以信赖的基于证据的并带有政策相关性的“信息提供者”。

第二个启示是智库的健康运行必须有健全的法律保障，包括规范外部治理的法律支撑，也包括规范内部治理的法律框架。

第三个启示是政府要培育适度的市场竞争。完全自由竞争的市场并非最优，只是理论上的产物，政府必须利用宏观之手对思想市场加以适度规制，通过研究外包等手段进行调控，使智库市场处于有限竞争的状态，既让智库有提高研究质量的竞争压力，同时避免过度竞争带来的“观念的战争”。“在完全竞争中，由于企业着眼于短期利益而不可能对未来进行长期规划。”③ 智库亦如是。即使是标榜独立性、质量与影响力的美国高端智库，在观念的战争中大肆宣扬自己的观点，甚至沦落为“行事圆滑的行销机器”，其所谓的质量与影响力也大打折扣，智库研究的“不偏不倚”的形象在公众那里丧失了可信性，几乎没有政策制定者相信智库是中立的。④

---

① DREZNER. American think tanks in the twenty-first century [J]. International journal, 2015, 70 (4): 637 –644.

② 蒂纳特. 德国智库的发展与意义 [M] //唐磊. 当代智库的知识生产. 北京：中国社会科学出版社，2015：132.

③ 蒂尔，马斯特斯. 从0到1：开启商业与未来的秘密 [M]. 高玉芳. 译. 北京：中信出版社，2015：39.

④ 里奇. 智库、公共政策和专家治策的政治学 [M]. 潘羽辉，等译. 上海：上海社会科学院出版社，2010：192.

第四个启示是治理机制的关键是形成自治网络。政府让渡部分决策权力是智库得以生存和发展的基础，高端智库的治理机制的健全依赖于健全的自治网络。各治理主体都能够遵守明确的权力边界、责任边界以及活动边界开展工作，在寻求实现各自目标的过程中，通过采取多样的治理手段，充分互动，相互约束，相互激励，相互咨询，降低社会损耗，实现公共利益的帕累托最优。

第五个启示是智库要健全研究成果的评审制度。研究成果质量及政策相关性是智库不同于其他政策共同体的显著特征。智库必须围绕提升研究质量来进行基础能力建设，才能充分履行“外脑”和“参谋”的职能，这可以说是世界高端智库的典型特征之一。

第六个启示是政府要加强智库的评价机制建设。为了塑造和维护智库发展的良好生态环境，必须要同步进行评价机制建设，美国、德国、日本等在这方面都积累了丰富的经验，值得借鉴。

第七个启示是日本存在数量众多的地方智库，其研究项目大多具有地方性、区域性的公共政策，这类智库在解决地方问题方面往往发挥着重要的作用。中国地区间经济发展水平不均衡，知识资源分布也不均衡，这是中国特色新型智库的现实特征。地方政府承担着重要的政策再规划和政策执行功能，同样需要智库的决策咨询参与提升地方政府治理。因此不能仅关注国家层面的智库发展，地方性智库的治理等问题也应引起高度重视。

二、新型教育智库内外部治理机制构建

哈佛学者孔飞力在剖析中国现代国家起源时指出，中国现代国家的演进不是西欧、北美现代国家经验“不可阻挡”的外部力量强加，而是在它们融入中国经验的过程中接受中国特质的再造，并表现出中国特有的现代化发展模式。他举例说扩大的知识精英阶层积极地参与政治的治理特点在其他文化背景下往往导致了去中心化和地方自治，而在中国却是相反的结果——加强了中央政府的集权和合法性。① 中国社会的治理机制演进亦是如此。毫无疑问，治理机制的提出和界定是纯粹的西方现象，但在具体的历史进程中治理机制的建构又是同不同国家文化传统和得到本土资源支持的经验事实联系在一起，并受到本土资源的制约。因而治理的机制建构必然具有地方特色，而

① 孔飞力. 中国现代国家的起源［M］. 陈兼，陈之宏，译. 北京：生活·读书·新知三联书店，2013：中文版序，1－7.

不是存在单一的可能性，更不是对美、德、日等国智库治理机制的简单移植，同时必定在某些方面具有普遍性，具有普适性的意义和特征。新型教育智库治理机制的具体构建必定会有着与其国际同行治理机制的共性，这种共性就从对具有普遍意义智库理论及制度经济学理论的汲取中体现出来。这一建构过程必定还要体现出从本土资源继承而来的特色，这种特色就是哈佛大学孔飞力教授所说的“中国作为一个统一的国家而进入现代这一显而易见的事实，其背后的意义反而为西方忽略了”，这一意义就是中国人对国家统一的诉求具有的“压倒一切的向往”。正是这种强大的国家统一诉求，“产生了建立中央集权的领导体制的要求”。① 相比英美西方国家小政府大社会的治理特点而言，中国社会的治理具有大政府小社会的特点，这种源自历史文化传统的“特质”——集中力量办大事的体制，决定了政府的主导作用是中国社会治理模式的主要特色，也决定了新型教育智库治理机制必须凸显政府在治理中的主导作用，然而必须明确的是政府主导也具有两面性。国家的持续繁荣在奥尔森看来需要满足如下两个条件：一个是政府要有足够权力对市场契约及个人财产权利提供可靠保护；另外一个是政府还要受到约束不能肆意掠夺个人财产权利，不能存在任何形式的巧取豪夺。② 因此政府的主导性也应受到一定的制约。做到这两个方面，持续的国家繁荣和民族崛起才能获得可靠的保障。新型教育智库治理机制的构建在坚持政府主导的同时也要体现对其适当的制约性，一个强大的守规矩的政府是新型教育智库治理机制得以成功运作和演进的保障。

表6－1　新型教育智库治理机制建构示意

存在的问题	对应的机制	美、德、日经验
党的领导有待加强、内部运作机制不顺	健全法人治理结构、实行矩阵式组织管理	美、德、日
缺乏领军人才	智库专家分类管理机制与话语系统的构建机制	美
缺乏团队合作	团队领导者培养制度	美、日
权力主导的绩效工资分配	健全绩效考核制度	美、德、日

① 孔飞力．中国现代国家的起源［M］．陈兼，陈之宏，译．北京：生活·读书·新知三联书店，2013：121.

② 奥尔森．权力与繁荣［M］．苏长和，嵇飞泽，译．上海：上海人民出版社，2018：207－211.

续上表

存在的问题	对应的机制	美、德、日经验
研究成果质量不高 国际影响力低	建立教育研究成果评价和应用转化机制	美、德、日
教育舆论引导不力	健全教育舆论引导机制	美、德、日
教育智库参与决策缺乏保障	建立政府购买教育决策咨询服务制度	美、德、日
第三方质量评估机构缺失	发挥智库行业的中介作用，建立评估机制	德、日
缺乏适合教育智库特点的经费筹集制度	建立新型教育智库的经费管理制度、建立税收审查机制	美、日

基于上述对新型教育智库治理机制的整体特色的理解，我们再接着剖析表6－1内诸多治理机制内容之间到底有什么关系，它们是否构成一个较为完整的新型教育智库的治理机制。我们可以把上述诸多治理机制内容视为一个有机的整体加以考虑。在制度经济学看来，所谓的治理机制就是界定和调整人们之间的权益关系的规则而已，本质是产权安排，目的是支持和增强社会秩序，禁止人们拥有非对称信息而机会主义地行事。[①] “制度安排就是经济单位之间的某种安排，这种安排规定了这些单位能够协调和/或竞争的方式”[②]，“通过产权的合理界定和交易成本的校准，可实现产出最大化或成本最小化，使资源配置达到最优。”[③] 一套运转高效的社会治理机制的设计和建构的典型标志就是能够最大限度地降低交易的总费用，[④] 使参与各方有效地共同进行协商，有效地实施决策，获得价值最大化。在治理理论和制度经济学看来无非解决以下三个关键问题。

第一，资格问题。它必须回答谁能干什么，或者说谁有资格来干的问题，就是解决准入门槛问题。在现代化发展的社会中任何政府都愿借助外部专业的知识和智慧来推进社会改革，而不希望发生革命。而智库以其专业能

① 柯武刚，史漫飞．制度经济学：社会秩序与公共政策［M］．韩朝华，译．北京：商务印书馆，2000：380－381．

② 威廉姆森．治理机制［M］．石烁，译．北京：机械工业出版社，2016：113．

③ 黄少安．制度经济学实质上都是关于产权的经济学［J］．经济纵横，2010（9）：1－7．

④ 米尔格罗姆，罗伯茨．经济学、组织与管理［M］．费方域，译．北京：经济科学出版社，2004：51．

力可以有效胜任这种资质工作，这就解决了智库参与决策的合法性。为了防止出现鱼龙混杂、泥沙俱下的参与决策，就需要对智库设定准入门槛，同时为了防范智库受自利动机驱使和非对称信息导致的“咨政失灵”就必须进行监管，这就涉及监管机制的设计。

第二，动力问题。正如著名经济学家爱德华·拉兹尔深刻指出的，“激励是经济的本质”。竞争是发展的第一动力，智库领域也如此。为了刺激智库充分发挥其治理专长，新型教育智库治理机制中必须培育思想市场，适度引入竞争，以提供智库的发展动力。为此，要建立政府购买教育决策咨询服务制度，完善重大教育决策意见征集和辩论制度，使得优胜的智库通过竞争脱颖而出。必须建立符合智库运转特点的经费管理制度，允许其依法依规索取因效率增加而带来的收益，真正实现多劳多得、优绩优酬。

第三，净化问题。一套高效运转的社会治理机制必须有维护自我洁净的保障，竞争不是万能的，市场也会因为信息不对称和契约的不完备性而出现失灵，导致劣币驱逐良币。为此需要建立独立公正的第三方评估机构发挥质量认证作用，尽可能地增加市场的透明度，建立税收审查机制保障智库的非营利性发展，健全教育舆论引导机制。同时，发挥行会的自律作用达到净化市场环境、塑造良好生态的目的，就是要建立评估机制、税收审查机制及发挥智库行业作用等。

在以西方智库为蓝本考察和借鉴其成功经验时，必须注意到西方智库发展有近百年历史，内部治理机制较为成熟，有能力参与到整个社会治理中来。而反观我国当前教育智库建设不过刚刚起步，在对教育智库的内涵、产品、职能等基本理论问题还没达成共识或者还没搞透彻的情况下，就希望像西方智库一样开始积极参与社会治理，发挥重要的影响作用，这是不现实的。所以在借鉴西方智库治理机制（主要是智库作为有能力的治理主体与其他政策共同体一起分工合作致力于教育公共事务的最大化的实践活动）经验的同时，必须弥补教育智库内部治理机制的短板，否则，缺乏健全内部治理机制的教育智库必定力有不逮。智库外部治理机制只是规定了智库参与教育公共事务活动的规则和边界，内部治理机制的健全则是保障教育智库获得进入“赛场”的资格。有哪些智库主体有效运转的内部治理机制呢？从组织行为学的视野来看，组织的内部治理机制就是研究组织围绕如何有效配置资源从而提高组织绩效的一系列的控制、激励和协调的制度安排。所谓的控制指所有者及其代理人对智库的控制，主要是健全法人治理结构、实行矩阵式组织管理。所谓的激励指管理层调动智库各类专家的积极性，专注于咨政启民工作，各尽其才，主要是建立团队领导者培养制度、智库专家分类管理机制

与话语系统的构建机制、绩效考核制度、教育研究成果评价和应用转化机制等。所谓的协调就是处理和平衡组织内外部的各种关系，募集组织发展所需要的各种资源，使智库成为政界、商界、学术界、媒体界互动中的跨界高手，主要是建立资金募集制度等。新型教育智库内外部治理机制的构建示意图如图 6－1 所示。

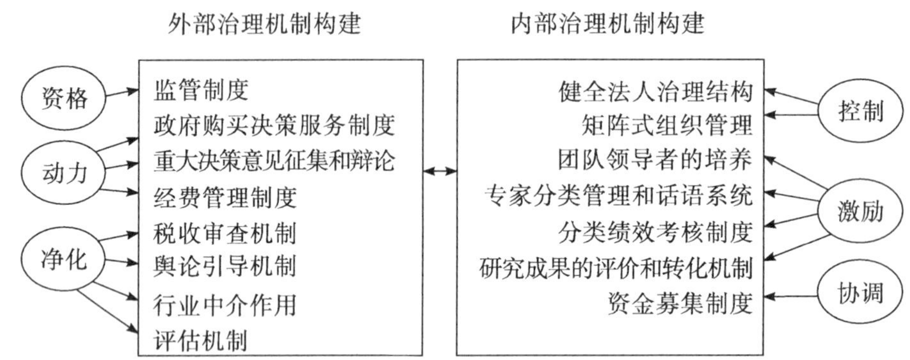

图 6－1　新型教育智库内外部治理机制的构建示意图

新型教育智库内外部治理机制既相互独立，又相互交叉和相互影响。内部治理机制安排都必定内在地联结着外部治理机制的安排，它们共同“镶嵌”在治理机制的结构中，因此一项制度的效率还取决于与其配套的其他制度安排完善程度。①如前所述，内部治理机制的缺失会导致“有库无智”，而外部治理机制的不健全，则导致智库职能不能充分发挥，影响其在决策中扮演的角色。

本书对新型教育智库治理机制的构建并非追求统一的、一致的结论，因为理性的有限性及情境的有限性既不可能，也不值得鼓励。笔者依据现有的问题归纳提炼出来的机制必须是开放的，其目标指向是服务当下，并接受当下的实践检验。事实上新型教育智库治理机制的理论也是在前述 A、B、C 三类型教育智库治理机制的基础上提炼和生成，也在扎根研究中得到了丰富和检验。正如贾雷德·戴蒙德指出的那样：过于统一的机制并不利于创新，好的体制机制并不是随机分布，而是与地理环境等因素密切有关。② 因此本文构建的新型教育智库治理机制还要因地制宜，根据各地实践的广度和深度的推进，产生不同的“变式”，更好地为当下的实践服务。

---

① 科斯，等. 财产权利与制度变迁［M］. 上海：上海人民出版社，1994：383.

② 戴蒙德. 枪炮、病菌与钢铁：人类社会的命运［M］. 谢延光，译. 修订版. 上海：上海译文出版社，2016：487－492.

从社会演化的角度来看，任何治理机制的建构都是短期和局部的均衡，都是长期演化过程中暂时的停留。① 初始设计的治理机制受到信息不完全、理性局限和某些无法预知的影响而存在着漏洞，新型教育智库治理机制所面临的未来也是变动不安的，所以新型教育智库治理机制本身为了适应瞬息万变的未来挑战适时做出相应的调整。否则就会由于缺乏灵活性而导致其运行变形走样，从而降低新型教育智库治理的效率。

从学术发展的角度来看，任何治理机制的建构都是在解构中的完善和推进。哲学家列维·施特劳斯晚年深刻地指出，面对一个日益复杂和庞大的世界，思想大师的时代已告结束，没有人可提出一套固定不变的解释世界的方案，"别人还会继续下去，他们有自己的分析框架和更令人满意的诠释办法。这才是永不终结的。"②

三、新型教育智库主体有效运作的治理机制（内部治理机制）③

新型教育智库主体有效运作的治理机制主要包括健全法人治理结构、矩阵式组织管理、团队领导者培养制度、智库专家分类管理机制与话语系统的构建机制、绩效考核制度、教育研究成果评价和应用转化机制、资金募集制度等。

（一）健全法人治理结构

如果是营利性新型教育智库则按照《公司法》等规定健全法人治理结构，主要是明确划分股东会（包括股东）、董事会（包括董事）、监事会（包括监事）和经理层之间权力、责任和利益以及相互制衡关系的一整套制度安排，通过这种制度安排，使新型教育智库形成职责明确、运转协调、有效制衡的机制，确保其政策研究活动有序、有效地进行。如果是事业单位性质的新型教育智库，则建立党委领导下的（院）所长负责制，形成（院）所长统一领导、党支部监督保证和职工民主参与的权力分配与制衡结构。如果是非营利的民办非企业新型教育智库，则可以依照《民办教育促进法》实行理事会领导下的总裁负责制。理事会作为这类新型教育智库的最高决策机构，负责审核智库的经费预算、议程设置及成果审查等。理事会中外部人占绝对主导地位，规定热心教育事业、品行端正的工商界人士、卸任政府官员及社区代表等外部理事要占据80%以上的比重。捐资创办这类新型教育智库

---

① 黄少安．制度经济学由来与现状解构［J］．改革，2017（1）：132－144．

② 佘世存．一个人的世界史［M］．广州：广东人民出版社，2016：39．

③ 李清刚．论高校教育智库的治理重建［J］．高教探索，2017（9）：23－28．

的捐资人可作为普通董事参与管理，但不得担任理事长，更不得把智库财产视为个人的资产，也不得与其个人的其他投资项目之间进行资金转移。日常运营由总裁负责且允许长期连任。

（二）实行矩阵式的组织管理

借鉴美、德等国高端智库的组织管理经验，实行符合新型教育智库特点的矩阵式组织管理。研究人员在行政上归属研究人员管理学部，各类研究人员按其教育和学科背景归属不同学部领导。智库再根据研究课题的性质设立不同的研究部门。项目负责人根据所研究课题涉及的主要领域而挂靠某一研究部门，根据课题所可能需要的多学科的知识和专门经验，再到各学部调配和编组研究人员，成立课题研究小组开展跨学科的交叉研究，课题完成后研究人员再回到各自原来的学部去按照新项目的要求等待重新组合，由此形成内部流动的人才市场。矩阵式的组织管理成为高端智库的“标配”。

（三）团队领导者培养制度

雷蒙德·J. 斯特鲁伊克认为团队领导者是负责智库研究工作的中层管理者，其重要性仅次于总裁。团队领导者的职责主要有保证员工积极高效地投入生产，维持催人奋进的工作氛围，保证研究报告的高质量，为高层决策献计献策，寻求和开拓新的研究项目，募集资金等。在培养之前，智库高层要依照严格的标准对团队领导的候选人进行评估。候选人不仅要有丰富的知识，在相关政策领域被证实的研究能力及良好的人际关系处理能力等外显的品质，还要有内在的发展潜力等。在团队领导者履职之初，高层要大力支持团队领导者，团队领导者要善于把研究工作转向管理活动。为此智库总裁可以通过提供书面的工作说明及补充的任务列表帮助其明确职责，使团队领导者在对负责的核心活动的理解上与智库高层达成共识，也为后者监督前者打下基础。智库高层要定期提供反馈意见指导团队领导者的角色转变。智库高层可以通过团队领导和负责的工作时间分配表、团队人员规模预测表、与项目相关的出差记录、对团队成果评审的同行意见、与团队领导的约谈及团队成员和客户的反馈意见等进行综合研判和绩效监督，及早发现团队领导者失策的地方，及时指导其采取补救措施以免造成更严重的问题。总之，培养一个有能力的、可信赖的团队领导者是智库一笔巨大的投资，但通常都会带来很高的回报率。①

---

① 斯特鲁伊克. 经营智库：成熟组织的实务指南［M］. 李刚，等译. 南京：江苏人民出版社，2015：199－210.

（四）智库专家分类管理与话语系统的构建机制

托马斯·梅德维茨认为智库处在学界、政界、商界和媒体界四者的中间地带。因此智库专家可以分为以下四种不断进行平衡与调适的角色：根据公认严谨的界定标准和认知的自主性来产生权威知识的学院派学者，熟悉特定的程序规则、程序细节以及时间节奏的政策助手，必须在竞争激烈的市场中作为高效营销人员的企业家，能以一种既使公众容易接受又以容易令人信服的形式传播知识的媒体专家。在绝大多数情况下，智库专家不能把上述角色融于一身，总是突出某些方面和弱化某些方面。① 李刚认为智库的专家分为三类：第一类是智库的领袖及管理者即政策企业家；第二类是分析师或顾问；第三类是行政团队，包括专门做政府关系的人员、专门做媒体关系的人员、专门负责筹资的人员等。②

上述专业人士分析的维度不同，其中李刚的分析维度相对更透彻，但共同点都是强调对智库专家进行分类管理，分类培养。新型教育智库其实也一样，在专业化分工高度发达的时代，一个智库专家成为多面手非常困难，幸好智库可以拥有多类型专家，分工负责、各司其职地做好智库的工作。智库对于高级研究人员的竞争十分激烈。雷蒙德·J. 斯特鲁伊克 2013—2014 年对智库的领导者的访谈也证实了吸引高级研究员的确很困难。空缺的高级研究员职位最需要的人员应该拥有哪些特征？他综合一些专家的意见，提出优秀的高级研究员应具有以下重要特征：一是必要的学历，丰富的已出版的学术成果。二是优秀的人际沟通交往能力。三是对自己所在的专业领域充满热情，为国家做出了积极贡献。四是能将问题放在多学科背景下考虑。五是恪守学术道德。六是有处理争议的能力。七是可以成为一名优秀的指导者。八是可以同时开展多项工作。九是有政府工作经验。③ 上述特征对于新型教育智库的专家聘任具有借鉴意义。

就智库的话语系统而言，张力把新型教育智库的话语系统分为四类：政策话语、学术话语、公众话语和媒体话语。这四类话语系统交织在一起，对同一政策问题各抒己见。新型教育智库需要很好地了解、把握、熟悉不同话

---

① 梅德维茨. 智库政策专家：角色构建及其话语策略［M］//唐磊. 当代智库的知识生产. 北京：中国社会科学出版社，2015：43.

② 李刚. 智库共同体建设的若干问题［EB/OL］.（2016－12－28）. http://www.eduthink.com.cn/index.php/Article/index/id/1967.html.

③ 斯特鲁伊克. 完善智库管理：智库、“研究与倡导型”非政府组织及其资助者的实践指南［M］. 李刚，等译. 南京：南京大学出版社，2017：67－69.

语特征，善用不同话语进行有效表达和传播。[①] 笔者非常赞同这个话语系统的分类。鉴于新型教育智库还要落实推进“一带一路”的教育行动计划，更为推动中国教育走出国门、为全球教育治理做出贡献，为国家的海外利益服务，因此还要掌握外交话语，才能助力中国新型教育智库成为全球教育智库共同体的主要组成部分，引导和把握世界教育政策的舆论和走向。这就需要对智库的话语系统进行分类管理和分类建设，一个都不能少，全面推进和提升。

（五）分类绩效考核制度

美、德等国的高端智库一般都有一套严格的分类绩效考核制度。美国智库对研究人员成果的评价主要看其完成报告的质量和数量。在美国智库，工作的成绩、质量的高低、著作的多寡与本人加薪与否以及续聘与否关系极大，长期没有工作成果，一般会被辞退。德国智库对不同身份的研究人员采取不同的聘任制，对高级研究人员实行的是长期聘任制，对作为助手的中初级研究人员实行短期聘任制，根据考核结果决定研究人员的晋升、续聘或解聘。这些考核的标准和程序是保障成果质量的基础。新型教育智库目前的绩效考核制度因为其类别不同而存在很大差异。首先，营利性新型教育智库的绩效考核参照企业的模式做得最好。其次是非营利的民办非企业新型教育智库，也能严格根据考核标准决定人员的晋升、续聘或辞退等，促进人才的正向流动。事业单位性质的新型教育智库在绩效考核方面亟待完善，虽然也实行了绩效工资制度，但由于绩效工资一揽子计划，存在较为不公的权力分肥现象，分配中的暗箱操作及吃大锅饭现象不同程度存在，抑制了研究人员的积极性。因此，事业单位性质的新型教育智库必须参照美、德等国高端智库的绩效考核经验，真正把研究人员完成报告的质量和数量作为绩效考核的主要标准，建立符合事业单位性质的新型教育智库运作特点的绩效考核制度。

（六）教育研究成果评价和应用转化机制

兰德公司研究成果评价机制又被称为“内部评审制”。每项研究计划都被学部主任选择几位没有参加该项目但属于该领域的资深研究人员作为评审员，组织评审会议，负责项目中期和期末审查。项目负责人要在会上解答评审人提出的问题，该研究报告需经本部门两人、外部门一人参加评审同意后

---

① 张力. 新型教育智库建设进入一个全新阶段［J］. 教育研究，2015（4）：13－14.

才能通过。如需发表，还要得到主管副总裁的审定同意。[①] 为了保证研究质量，新型教育智库也应该借鉴兰德公司的经验，在成果的内部检核方面，建立教育研究成果评价机制。为了促进研究成果的转化，也需同时建立成果应用转化机制。根据研究成果的不同属性和用途，可以内部决策简报、学术报告、学术期刊、报纸、电视、电台、社交网络与自媒体等不同转化形式扩大成果的影响力。

（七）资金募集制度

经费是智库生存的基础，是智库的核心工作之一。基金会、政府、个人捐助及公司的经费支持是智库能够生存的关键。审定为非营利性对于美国智库来说意义重大，意味着美国智库获得了免税地位，捐赠者无须为此支付税金，同时捐赠者本人和其企业都能因此得到大额的税收减免。这进一步鼓励了慈善捐款。如传统基金会直接告知捐助者，他们可以提供与华盛顿政策制定者接触的机会，这是花多少钱也买不来的。“您的获益远远多于您捐助给我们的钱。”这种承诺捐助者和高级政策制定者之间的联系，具有很好的筹款效果。[②] 麦甘恩的研究发现，美国智库在日趋加剧的竞争环境下，为了谋取眼下生存，往往对基金会等捐赠者附加的要求有所屈服，在选题乃至结论等方面的客观性都受到一定的影响。[③] 帅克豪使用影子官僚制（shadow bureaucracy）一词描述了富裕的慈善基金会通过资助智库进而有效地大范围重塑了美国的学校改革进程。无独有偶，李普曼分析了美国的慈善家（如比尔·盖茨等）“运用巨量财富掌舵公立教育改革”，“重建教育服务于经济竞争并使公立教育部门向资本积累开放”。[④] 慈善家捐助的背后常常隐含着某一特定的政治诉求，进而不同程度地影响智库研究的客观性和中立性。而智库一旦有了多渠道的充足的研究资金来源，“研究机构不再会为生计而到处寻求经费，因而其受到少数别有用心的资助者的利益诱导而丧失独立性的可能性大大减少”。[⑤] 在慈善文化还不发达的当下，获得政府的合同对于新型教育

---

① 王继承，冯巍．兰德公司人力资源管理经验启示［M］//王佩亨，李国强．海外智库：世界主要国家智库考察报告．北京：中国财政经济出版社，2014：18.

② 埃布尔森．国会的理念：智库和美国外交政策［M］．李刚，黄松菲，丁炫凯，等译．南京：南京大学出版社，2017：95.

③ McGANN J G．Think tanks and policy advice in the US：academics，advisors and advocates［M］．New York：Routledge，2007：49－57.

④ SAVAGE G C．Think tanks，education and elite policy actors［J］．The Australian educational researcher，2016，43（1）：35－53.

⑤ 薛澜．智库热的冷思考：破解中国特色智库发展之道［J］．中国行政管理，2014（5）：6－10.

智库而言意义重大，如何获得政府的合同？雷蒙德·J. 斯特鲁伊克认为要培养与政府良好的关系网。新型教育智库要积极影响政府的未来议程，尤其是为那些支撑政府未来政策决策的分析项目提供理念，能够拿出优质的有助于官员了解重要政策问题复杂性的研究作品，官员才会认可智库的能力，利用这个机会还可以了解到政府即将进行的外包项目，及早准备招标合同。另外，培育智库的声望至关重要，它决定了这个智库能够在有限的竞争模式中得到候选资格。与其他智库联合参与竞标也是一个最不坏的举措。最后的举措就是从失败的案例中通过分析竞标计划书的优势和弱势来寻求资助和吸取教训。①

四、新型教育智库政府制度有效供给的治理机制（外部治理机制）②

新型教育智库政府制度有效供给的治理机制主要包括新型教育智库的监管制度，完善重大教育决策意见征集和辩论制度，建立政府购买教育决策咨询服务制度，发挥智库行业的中介作用，健全教育舆论引导机制，建立新型教育智库的经费管理制度，税收审查机制，新型教育智库评估机制，等等。

（一）新型教育智库的监管制度建设

新型教育智库的监管在中国还是一个有待深入探讨的问题。王莉丽指出，智库思想产品具有公共性、社会性、政治性、超前性、全球性以及追求影响力而不是利润为目标的特点，使得其比其他商品市场更易失灵，从而更需要政府的有效规制。③ 实际上，智库提供的公共产品类似国防，没有私人在自利的动机下追求这种耗费巨大受益均摊的产品生产，大量存在的“搭便车”现象也无法使得市场供给成为有效的手段，存在产品定价的困难，因而只能是非营利性的组织才能供给这样的产品。由于不是以追求利润最大化为目的的生产，存在市场激励失效的可能，这类组织存在提供可能是低效或者低质的产品的风险。为了规避这种风险，必须扩大智库的准入，增加智库的供给。但过多的智库进入使得思想市场拥挤不堪，不仅存在浪费资源的可能，同时为了应对过度竞争的压力，智库可能把用于研究的资源调配到行销

---

① 斯特鲁伊克. 经营智库：成熟组织的实务指南［M］. 李刚，等译. 南京：江苏人民出版社，2015：140－143.

② 李清刚. 论高校教育智库的治理重建［J］. 高教探索，2017（9）：23－28.

③ 王莉丽. 智力资本：中国智库核心竞争力［M］. 北京：中国人民大学出版社，2015：157.

方面，成为安德鲁·里奇所说的“行事圆滑的行销机器”。由于研究资源的减少和对倡导的关注，其代表公共利益的追求高质量的客观中立的研究宗旨受损，由此导致了公共决策中的公共利益受损。即使是强调自由市场的美国，政府也采取了法律、税收等手段对智库进行有效监管。具体而言，政府可采取的监管手段包括智库及智库专业人员的准入标准设定，建立重大决策问题外包的招投标机制，建立重大备择咨政方案的问责制和相应的容错机制，以及发挥智库行业的中介作用等。

1. 建立新型教育智库的准入标准及智库专业人员的准入标准

全国有2 000多家地方性教科研机构，具有浓郁的地方色彩，为地方教育治理服务，这是构建地方性特色新型教育智库体系的基础和起点。但这些机构总的特点是多而不强，有一半以上的教科研机构充其量是教学研究组织，主要宗旨是指导教学，指导学校提升教育教学质量和效能。国家层面要进行顶层设计，对这些机构进行鉴别和认定，从内部治理、人员调配、经费来源及财务管理等方面进行规制，探索并构建具有中国特色的新型教育智库的准入标准。

关于智库专业人员的准入标准，笔者结合以往的研究，引入政治学者叶海卡·德洛尔提出的成为一名优秀教育智库人员应具备如下八点要求①，供顶层设计参考。

一是智库专业人员要熟知历史和比较的方法，才能做出预测，前瞻未来。二是教育智库人员要能了解决策的现实情况，培养发现“客观真理”的能力。三是教育智库人员必须形成跨学科知识基础，深入研究社会，了解国家的风俗和价值观。四是教育智库人员应该具备研究重大政策问题，积累和处理各种政策难题的经验。五是强调研究的目的不仅是对政策进行解释，还要从政策实施的角度考虑问题，以改善决策。六是不但使用实证主义的方法，还要综合运用包含哲学、现象学等在内的质性研究方法。七是教育智库人员要通过交流在不同工作场所和文化中的实践来不断拓展专业背景和经验。比如英国注重智库与政府、企业、大学、媒体、国际组织的人才交流，保持合理水平的人员流动率。② 八是要遵守职业道德。在西方文艺复兴后，研究的目的不是追求个人利益，而是为了拓展真理和增进公共利益。遗憾的是目前中国的社会科学工作者还停留在为政府工作或满足个人兴趣的层次

---

① DROR Y. On becoming more of a policy scientist [J]. Policy studies review, 1984 (4): 13-22.

② 戴慧. 英国智库考察报告 [J]. 中国发展观察, 2014 (1): 34-38.

上，没有达到欧洲科学家对科研本质认识的高度。① 在研究结论与雇主需求发生冲突的时候，能否坚持学术理性则是在考验每一个智库专家的职业道德水准。

2. 建立教育重大备择咨政方案的问责制和相应的容错机制

目前有些新型教育智库治理机制不畅和基础能力建设薄弱，在咨政建言时仅为迎合领导，不做实事求是的研究，也拿不出基于证据的产品，就胡乱拍脑袋生产出低质的成果，给教育决策带来了严重的后果。为降低这种风险，政府要建立重大备择咨政方案的问责制。通过责任追究制度的建立和健全，保障新型教育智库的重大备择咨政方案研制的科学性、客观性和透明度。

目前新型教育智库发展尚处于起步阶段，基础能力建设相当薄弱，因而在教育政策方案研究中，其专业人员可能会基于理想的状态考虑，出现将在其他地方执行较好的政策盲目移植过来，从而提出一些超越地方政府执行能力的备择方案，给决策制造一定的麻烦。这就需要适时建立容错机制。只要专家议程中不存在利益集团的意见收买、观点塑造、方案游说，在实施中也没有酿成重大公益受损事故，就应给予新型教育智库发展的试错空间。一家智库的方案有问题，只要存在政策市场，马上就会有相对立的智库提供纠正方案，这在美国已经成为社会生活的常态。② 如果采取过于严厉的制裁，很容易将它扼杀在起步状态。随着新型教育智库的成长，试错空间也是越来越小。

（二）建立和完善重大教育决策意见征集和辩论制度

李国强指出，公共决策是一门科学，需要在法律和制度上正式将智库引入公共决策过程之中，把智库作为公共决策体系必不可少的一环纳入其中，建立起科学的制度化的公共决策体制。③ 为此需要在法律上建立和完善重大教育决策意见征集和辩论制度。重大教育决策意见征集和辩论制度，既可以实现有序扩大教育民主决策的目的，也能集中民间智慧，起到优化和提升决策备择方案质量的作用，促进教育科学决策。重大教育决策意见辩论的制度又可以扩大对社会面临的重大教育问题进行区域性乃至全国性讨论，不但引

---

① 伍国．中国离现代科学精神有多远［J］．书屋，2016（4）：14.

② 谷贤林，邢欢．美国教育智库的类型、特点与功能［J］．比较教育研究，2014（12）：1－6.

③ 李国强．对“加强中国特色新型智库建设”的认识和探索［J］．中国行政管理，2014（5）：16－19.

起区域性或全国性的关注，还能使得不同咨政建言相互竞争，取长补短，减少被利益集团蒙蔽的可能，使讨论的内容和观点更为透明、明晰和深化，以深入推动相关教育问题得到根本性解决。这一点是我国教育治理体系中一个亟待改进的短板。

（三）建立政府购买教育决策咨询服务制度

日本政府为了保障智库的研究尽可能做到全面、客观，常采取将同一研究项目同时委托给多家智库的方式，以便将智库的不同观点网罗起来，集中智慧，使得教育决策的咨政方案质量更高，政策研制更为合理和科学。如上海在2009年制定《上海市中长期教育改革和发展规划纲要（2010—2020年）》时，分别委托了上海市教委、上海社科院和华东师范大学三家单位做同一课题，它们分别从教育管理、宏观经济社会和教育科学三个不同视角进行研究，最后在梳理和提炼三家意见的基础上形成纲要的合法版本，此举广受好评。所谓政府购买决策咨询服务制度，是指政府将原来以直接财政拨款的方式拨付给事业单位性质的研究机构或内设研究机构的经费，转变为以“项目购买”的方式交由各类新型教育智库，由其来承接决策咨询服务。这是一种政府出钱、定向委托、合同管理、评估兑现的新型教育决策咨询服务供给制度。在制度上公平地把“体制外”制度纳入教育决策的程序，为扩大竞争范围，引进民间智库，甚至购买国外高端智库提供的教育决策咨询服务，打破了“体制内”教育智库的垄断局面。这项制度的优点在于扩大教育决策咨询服务的供给渠道，提高教育决策咨询服务供给效率，凝聚智慧，提高政府开支的透明度，使得政府更有精力集中于教育决策，更好地实现“谋”与“断”分离。

（四）健全教育舆论引导机制

随着教育改革进入深水区，越来越多的教育决策难题浮出水面。例如，在限定的教育投入下，是应该把更多的资源投入到基础教育还是高等教育？是加大资助民办教育的力度，还是用来加大教育精准扶贫？这些教育难题的决策需要平衡各个方面的利益，需要协调互相冲突的价值观。但由于目前新型教育智库仍处于起步期，还未能很好地履行教育舆论的引导功能，使得很多重大的教育决策就在媒体和公众情绪乃至利益集团的煽动中随机摇摆，从而给教育公共利益带来很大损失。新型教育智库本应在教育领域有深厚的学术积累及客观中立的立场，可以对这些教育政策方案进行系统分析，并对其利弊进行价值判断，乃至提出改进建议，从而教育公众辨识政策方案的优劣，帮助公众支持创新性的教育政策方案，主动回应公众的教育关切，以公众喜闻乐见的方式宣传和诠释教育政策，化解在政府与公众之间可能存在的不信任，提升教育政策的公信力和合法性。

（五）建立新型教育智库的经费管理制度

建立符合智库运转特点的经费管理制度。智库是知识密集型行业，是国家的“智商”，是国家精英的荟萃之所，待遇收入不菲。英国智库中，资深研究人员收入高于普通研究人员，即使普通研究人员的收入一般也高于当地平均收入水平。例如，改革研究所的资深研究员年薪约 6 万英镑，远高于伦敦市的人均收入水平（3 万英镑）。[①] 尽管中共中央办公厅、国务院办公厅印发了《关于进一步完善中央财政科研项目资金管理等政策的若干意见》，初步开始经费比重、开支范围等方面提出“松绑 + 激励”措施，但对科研人员的绩效激励仍不足。科研经费重“砖头”轻“人头”，导致研究人员的积极性不高，教育智库的活力缺失。由于很多时候教育智库承担的规划课题都是复杂的社会急需且要联合攻关的重要项目，很多都超出了研究人员本职工作的范围之外，需要协同和集中不同部门甚至不同单位的智慧才可能攻克，如果没有额外的酬劳补偿，研究人员就不能把自己付出的努力与所获得薪水之间建立正比关系。这肯定不是要一心谋求打造一批“国家急需、世界一流、制度先进、贡献重大”的政府所求的智库，因此政府对此应该有放眼世界、顾盼全球的大眼光和大格局。例如日本为了实现国家崛起，企业、政府和基金会还不惜重金收买海外的思想，仅 1989 年日本为购买美国的“思想”就花了至少 2.5 亿美元，如兰德公司、布鲁金斯学会等研究著名智库都得到了日本的资助。[②] 建议政府的科研经费改革向“人头”倾斜，如果承担的项目完成并通过评审，明确给予项目负责的科研人员项目总经费的 10% ~15% 作为奖励，以此激励智库人员心无旁骛地致力于思想创新，为国家崛起贡献智力资本。

（六）建立税收审查机制

税务部门应借鉴美国对非营利智库的管理经验，建立税收审定机制。美国智库一般符合《联邦所得税法》规定的条件，有资格申请减免税待遇。对

① 戴慧. 英国智库考察报告［J］. 中国发展观察，2014（1）：34－38.

② 李光. 现代日本思想库发展的三次浪潮及其特点［J］. 武汉大学学报（社会科学版），1992（2）：32－39.

申请免税资格的智库，要接受税务机关的严格审查。美国对非营利智库管理的审查关键是区分与其有关或者无关的经营活动，以便实现对与其相关的可免税的经营活动免税的规定。非营利组织要公开其 990 税务报表（From 990），其包括财务收支概要、主管人员的薪酬、境外活动支出以及是否存在关联交易等。美国国家税务局每年都对智库的税收情况进行评估，如审查发现非营利智库违背其目标从事营利活动，可以吊销其免税身份，州内政司可以撤销其登记执照。[①] 为了获得免税地位和争取捐赠，智库也会主动聘请第三方会计机构对自身经营和财务状况进行审计，并把审计结果向社会公布，以便得到捐赠者的信任。这种机制为美国非营利的智库获得基金会或私人的捐助提供保障。新型特色教育智库也应该接受类似这种审查，只不过新型特色教育智库可以选择营利性或非营利性法人登记，如日本存在大量营利性的智库，这是知识产业发展所必需的，营利性或非营利性并非是影响智库独立性与否的关键，经过税收审定为非营利性新型教育智库可以获得减免税待遇，而营利性教育智库则依照《公司法》等依法纳税。财政部、国家税务总局《关于非营利组织免税资格认定管理有关问题的通知》（财税〔2018〕13 号）提出对非营利组织“取得的应纳税收入及其有关的成本、费用、损失应与免税收入及其有关的成本、费用、损失分别核算”。这标志着中国特色的税务审查机制初步建立。

（七）发挥智库行业的中介作用

政府应鼓励成立全国性和地方性的教育咨询协会，加强新型教育智库自律管理和建立新型教育智库的信用约束机制。所谓信用约束机制即全国性或地方性咨询协会依据一定的标准对新型教育智库的信用做出鉴定并分级排名。由于分级排名反映出公信力的高低并直接影响其社会声望，因此可促进其不断致力于追求业绩的改进和提升，起到以评促建的效果。全国性和地方性的教育咨询协会还可以建立全国性智库评估标准和体系，对新型教育智库运行开展评估，强制那些资金来源于政府的新型教育智库接受评估和监督，增强新型教育智库间的竞争性，提升新型教育智库的影响力。全国性和地方性的教育咨询协会还应成为新型教育智库开展国内外交流和合作的平台，为国内外学术交流提供服务，并代表区域或国家教育形象积极参与国际智库对话，争夺新型教育智库在世界上的影响力和话语权。

---

① 廖鸿，石国亮，朱晓红．国外非营利组织管理创新与启示［M］．北京：中国言实出版社，2011：176.

五、新型教育智库的评估

如前所述，新型教育智库的评估在新型教育智库外部治理机制中具有特殊的地位和意义，它能发挥以评促建的筛选作用，既扩大优秀智库的知名度，同时又淘汰不合格的智库。这样做能够塑造良好的新型教育智库的生态环境，促进面向现代化、面向世界、面向未来的中国特色新型教育智库体系的生成，因而成为新型教育智库的治理机制中不可或缺的重要一环。本来这一部分应该放在新型教育智库政府制度有效供给的治理机制之中，但由于这部分内容较多，因此单独作为一个专题放在这里进行研究。

（一）关于智库评估的争议

智库评价领域影响最大的当属美国宾夕法尼亚大学自 2007 年发布的《全球智库报告》，尽管其也备受质疑和批评。这个排名存在的主要问题是缺乏统一而明确的智库定义，智库的运作方式因国家而异（没有通用模板），用来支撑排名的标准，如成果输出、公众推广等未经深思熟虑，评价智库对政策导向的影响非常困难，等等。[①] 造成排名结果主要基于评委的印象而非分析。另外一个弊端是排名结果驱使智库在公共关系上投入更多而非投入在核心政策研究领域。不可讳言的是，智库排名弊端很多，但不能因此而否定评估的价值，评估依然是对智库的研究、服务和咨询工作质量和效率的保障。新型教育智库的评估就内容而言主要包括两类：研究质量评估和影响力评估。需要注意的是，这两类评估只能测评智库所提供的“中间产品”的价值，并不能代表单个智库对政策制定过程的真实影响，决策者是否最终采纳了这种产品还有待深入艰苦地求证。[②]

相比对研究成果的测评，对智库的影响力的评估争议更大，因为高层决策者通常都不会公开承认在政策制定过程中引入了智库思想。若要衡量智库对决策过程的影响，则需要对具体的案例进行全程追踪，但这样做会面临很多难以克服的困难。比如智库的理念转化为最终的法案和政府行为往往需要几年甚至十几年时间，即使转化发生时也会有很多政策参与者，是多方作用

① 科尔纳. 智库的概念界定和评价排名［M］//唐磊. 当代智库的知识生产. 北京：中国社会科学出版社，2015：170.

② 科尔纳. 智库的概念界定和评价排名［M］//唐磊. 当代智库的知识生产. 北京：中国社会科学出版社，2015：178.

的结果，是一个复杂且不断重复的过程，政策理念要经过不断地研究、分析、讨论和提炼，并由相关权益人参与听证后才得以实施，当一项政策最终确认时它已经染上多种指纹。对这些纵向材料的收集劳心费时且不易获取。[①]唐纳德·E. 埃布尔森也认为学术界对什么是影响以及怎样才能最有效地衡量这些影响的看法莫衷一是。随着政策制定共同体越来越庞大，将一项政策的起源对应到某个个人或某个组织是非常困难的，只有最个别的情况下才可能做到。每一种成功的政策思想都有众多的“父母”争相认领，而每一种糟糕的思想，仿佛孤儿一般，无人认领。[②]“宣称自己拥有影响力要远比证明自己如何获得影响力简单。”[③] 唐纳德·E. 埃布尔森在另外一本专著中承认通过政策共同体的框架可以比较深入地考察智库的影响力，可以确认哪些团体和个人受邀与决策者分享想法和观点，可以研究某项政策制定是如何被非政府组织和政府政策专家的讨论所影响。一旦参与决策的行动者被确认，就可以通过把最终的政策输出与参与者的提议进行比较，通过浏览会议记录、个人信件、证词、公开建议以及其他的信息，来帮助确定哪些智库在政策形成的重要阶段提供了专业知识。他也指出这个方法有局限，那就是不能告诉我们哪些因素对共同体内的智库在塑造公众态度和政策偏好以及对决策者的选择产生了影响。[④] 塑造公众态度和政策偏好的识别存在困难显而易见，即使是分析对决策者的选择产生影响也存在困难，毕竟所有的重要决策都是在特定的政策共同体内做出的，一般需要在县以上政府常务办公会议上，经过参会的政府各部门负责人的多轮博弈和讨价还价才能通过。最终输出的政策文本与智库提供的原初文本也往往大相径庭，这更难以确定哪些参与方案研讨的智库是最有影响力的。他还认为，智库只要发布了出版书籍的数量，提供了的证词，加上媒体的点击量持续增加，他们就可以宣称自己的影响力在扩大。但数据没有告诉我们，了解复杂的政策制定过程是相当重要的。数据只是让我们了解智库的活跃程度，无法通过数据了解在公共政策的制定上有多

① 科尔纳. 智库的概念界定和评价排名［M］//唐磊. 当代智库的知识生产. 北京：中国社会科学出版社，2015：177.

② 埃布尔森. 智库能发挥作用吗? 公共政策研究机构影响力之评估［M］. 扈喜林，译. 2 版. 上海：上海社会科学院出版社，2010：3.

③ ABELSON D E. A capitol idea：think tanks and US foreign policy［M］. Montreal and Kingston：McGill-Queen's University Press，2006.

④ 埃布尔森. 国会的理念：智库和美国外交政策［M］. 李刚，黄松菲，丁炫凯，等译. 南京：南京大学出版社，2017：116－117.

大影响。[①] 此外，“每一个成功的想法都是之前一个时代成百上千想法相互融合的结果。很多想法都是经历了长年累月的孕育才得以进入政治议程的。它们可能在几个时代前就已经有了原型。”[②] 显然，追踪这种孕育长久的理念的源头难度不小。凯思琳·麦克纳特与格雷戈里·马其欧顿认为与实施权力的政府部门不同，政策分析产业忙于政策对话。通过这些对话，智库才能在政策共同体中发挥它们的影响以塑造政策形成的进程。[③] 由于智库忙着对话，所以不可能有多余时间去追踪和确认某种理念的源头。

（二）新型教育智库的评估

目前国内的各类教育智库透明度不足，尤其是官方性质的教育智库从属于地方教育行政部门，传承了科层制的保守和僵化。实际上，在美国保持智库非营利性缴税地位的要求之一就是智库的全部工作是基于广大公众的利益——这意味着所有成果要向公众开放共享。[④] 国内的官方智库同样是属于非营利性组织，但在透明度方面有很多需要改进的空间。对此，李刚教授所在的南京大学中国智库评价与研究中心另辟蹊径，建立智库共同体，要求对方提供相应数据再进行甄别、筛选和评估，排除主观影响。如果对方不提供数据，则无法评估。[⑤] 尽管如此，智库仍然没有实现向广大公众的透明化。

鉴于上述困难，更可取的新型教育智库的评估内容就转变为对中间产品（研究质量和影响力）的相关性评估。

1. 新型教育智库的研究质量评估[⑥]

对新型教育智库的研究质量进行评估主要是依靠其主要产品——咨政方案。评估的是专家议程中的文本，而非政府议程后的合法政策文本（如图6－2所示）。从专家议程进入政府议程之后所发生的一系列政策博弈活动基本上与专家议程无关，它属于政策评估的范围。

---

① 埃布尔森. 国会的理念：智库和美国外交政策［M］. 李刚，黄松菲，丁炫凯，等译. 南京：南京大学出版社，2017：171.

② 埃布尔森. 国会的理念：智库和美国外交政策［M］. 李刚，黄松菲，丁炫凯，等译. 南京：南京大学出版社，2017：177.

③ 麦克纳特，马其欧顿. 智库与网络：知名度与影响力的评估［M］//唐磊. 当代智库的知识生产. 北京：中国社会科学出版社，2015：181.

④ 斯特鲁伊克. 完善智库管理：智库、“研究与倡导型”非政府组织及其赞助者的实践指南［M］. 李刚，等译. 南京：南京大学出版社，2017：306.

⑤ 李刚教授2017年11月23日参加在广州举办的“2017中国人工智能、智慧城市和全球治理论坛”后接受笔者专访。

⑥ 李清刚，黄崴. 新型教育智库的评估机制探析［J］. 教育理论与实践，2016（12）：32－35.

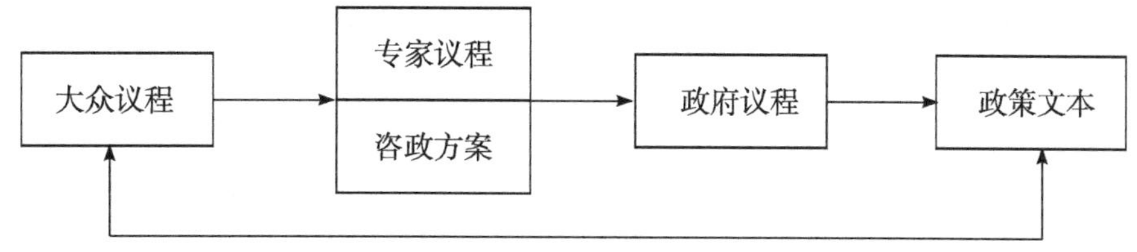

图6－2 咨政方案与政策文本关系示意图

（1）新型教育智库的研究质量评估应坚持四条评估标准。

其一是咨政方案是否偏离了党的教育路线、方针、政策。咨政方案必须坚持全面贯彻党的教育方针，全面实施素质教育的精神，促进教育公平正义和提高教育的效益。

其二是咨政方案是否有扎实而充分的证据基础。美国国家教育科学研究院的口号是“研制以理论和实证为本的计划、实践和政策”。只有建立在扎实而充分的证据基础上的咨政方案才可提高对教育教学的理解，以便改进教育质量和满足教育决策的需要。

其三是咨政方案是否采用综合的研究方法以及论证是否充分。约瑟夫·P. 法雷利指出，不能把教育研究看作一门教育科学，因为教育研究不但需要运用人文学科的研究方法，也需要社会科学和行为科学的方法。在教育研究中，结论的得出往往受到潜在观念和价值观的影响，有关决策也容易受到政治方面适宜性的重要影响。教育研究涉及类别多样的社会群体，因而在对咨政方案采用的方法及论证进行评估时需要特别仔细和认真，必须运用来自多种学科领域中累积的知识，并甄别和检讨方法背后的价值观和决策环境，才能使评估更为公正。

其四是评估咨政方案是否受到利益集团的影响。客观公正是教育智库的生命，咨政方案是教育智库提供的主要产品，它要保持公信力就必须最大限度地避免利益集团的干扰，恪守中立客观的学术立场。

（2）新型教育智库的研究质量评估中的偏差分析。

其一是评估时的匹配偏差。由于智库型专业人才缺乏，在进行研究质量评估时往往难以找到合适的评审专家。常见的解决方法是延聘知名度高的大学教授来评鉴方案优劣，这些教授可能对理论研究颇有心得，但往往未完成向智库型人才知识结构的转化，轻视了应用研究，尤其是缺乏成本效益分析的经验，导致偏好用理论程度高低来衡量方案优劣。这就容易贬低可操作性强、成本低、效益高的方案。尽管从形式上来看专家审议似乎很科学，其实不利于真正高质量的咨政方案的脱颖而出。当然这个难题不能一蹴而就地得到解决，可能需要一个发展的过程，相信随着新型教育智库建设的深入推进，有望得到妥善解决。

其二是过度拟合偏差。新型教育智库的咨政方案评估中存在的另外一个偏差是过度拟合。当被邀请的评审专家如果都是某领域同质化的精英人才或者都是半瓶子醋式的“外行”时最易发生过度拟合现象，即精英共识和外行盲从最易形成对咨政方案的一边倒的支持或反对倾向，咨政方案就会被过度拟合所左右——或者被弃之不用或者被奉若神明。过度拟合对咨政方案的质量提升没有任何帮助，造成了一种低水平的共识。要改变过度拟合的偏差，就一定要保证专家来源领域的多元和异质。

2. 新型教育智库的影响力评估

安德鲁·里奇提出以下四点智库对决策的影响力因素：可信度、接触政策制定者的机会、时机的把握及推销的力度等。[①] 在具体的政策辩论中，被推销的决策者认为智库专家的观点可信度较高时，智库就能较易发生影响作用。拥有接近政策制定者的机会的智库占有优势。智库的咨政报告要及时提交才能发挥作用，否则当要决策的环境发生重大变化时就是废纸一张。智库专家如果能高效地推销他们的观点并使可能感兴趣的决策者利用，影响力就更大。霍华德·J. 威亚尔达引用世界银行的一个同事对智库的影响力进行如下总结：如果一个国家办公室主任、副助理秘书或一个低级的国家安全委员会官员在给助理秘书或国家安全顾问写备忘录的时候，把这个智库的书、文章或报告打开在他们面前，那么这个智库就产生了影响力。上述观点主要是论及智库对决策的影响力。[②] 而朱莉娅·克拉克和大卫·罗德曼提出测定美国智库影响力的5个指标：社交媒体粉丝的数量，相关国际网站点击率排名，外部网站链接数，在国际新闻（包括所有语言）中的曝光次数，谷歌学术的引用次数等。[③] 显而易见，朱莉娅·克拉克和大卫·罗德曼强调的则是智库对公众的影响力和学术影响力。朱旭峰等认为西方智库在决策（核心）影响力、精英影响力（中心）和大众（边缘）影响力等三个层次上影响公

① 里奇. 智库、公共政策和专家治策的政治学［M］. 潘羽辉，等译. 上海：上海社会科学院出版社，2010：142.

② WIARDA H J. Think tanks and foreign policy in a globalized world: new ideas, new “tanks”, new directions［J］. International journal, 2015, 70 (4): 517－525.

③ 科尔纳. 智库的概念界定和评价排名［M］//唐磊. 当代智库的知识生产. 北京：中国社会科学出版社，2015：177.

共政策。[①] 胡鞍钢把中国新型智库的影响力分为学术影响力、政策影响力、社会影响力及国际影响力等维度。[②] 上海社会科学院智库研究中心项目组把中国新型智库分为综合影响力、系统内影响力和专业影响力三个层面。陈升等把中国新型智库分为政策影响力、学术影响力及社会影响力三个维度。[③] 这些研究除了胡鞍钢把智库拓展到国际影响力之外，其他的大同小异。正所谓英雄所见略同，说明国内著名智库专家对智库影响力的问题基本达成共识。

笔者从新型教育智库的视角出发，基本认同上述共识。鉴于国内教育智库在国际上影响力比较薄弱的现实状况，在衡量新型教育智库的影响力时暂不考虑这一维度。为了保障论文前后逻辑自洽，受到安德鲁·里奇及朱莉娅·克拉克等人的启发，并结合中国教育决策的实际，笔者决定采用决策影响力、学术影响力、公众影响力及国际影响力等四个维度的分类来评估新型教育智库的影响力。新型教育智库的影响力评估指标如表 6 –2 所示。

表 6 –2 新型教育智库的影响力评估指标

评估维度	具体指标	指标说明
决策影响力	1. 决策咨询证明（咨政报告的数量及批示）； 2. 进入教育行政部门任职（挂职）的人数； 3. 决策部门参与智库活动的次数； 4. 承担政府外包项目的次数	1. 年度决策咨询证明（参加决策部门组织的咨询会议的通知）； 2. 咨政报告的批示（即内参批示）
学术影响力	1. 出版的专著、论文集； 2. 发表各类期刊的论文数量及引用数量； 3. 库内专家在高水平学术会议上的发言次数； 4. 举办的研讨会次数	北大核心及 CSSCI 期刊上的论文数量

① 朱旭峰，苏钰. 西方思想库对公共政策的影响力：基于社会结构的影响力分析框架构建 [J]. 世界经济与政治，2004 (12)：21 –26.

② 胡鞍钢. 建设中国特色新型智库 [J]. 清华大学教育研究，2013 (5)：1 –4.

③ 陈升，孟漫. 智库影响力及其影响机理研究：基于 39 个中国智库样本的实证研究 [J]. 科学学研究，2015 (9)：1 306 –1 312.

续上表

评估维度	具体指标	指标说明
公众影响力	1. 媒体提及量； 2. 新闻发布会的举办次数； 3. 微博或微信的追随者数量； 4. 网站访问量及电子出版物被下载的次数； 5. 筹集资金的数量； 6. 搜索引擎中的定位； 7. 资金来源的透明程度； 8. 第三方的信用评级	全国报刊索引数据库提及的条数及电视、电台等传统媒体报道的次数
国际影响力	1. 接受国外组织捐赠情况； 2. 接受国外组织外包项目次数； 3. 在国际组织兼职情况； 4. 在国际会议、论坛发言次数； 5. 国外分部开设情况； 6. 与国外媒体、大学等机构网络联系情况； 7. 国际同行评议期刊发表的文章数量	SCI 等期刊论文，国际组织委任状、国际会议发言资料、国外媒体的报道等

没有证据表明学术影响力和教育政策的塑造之间存在严谨的相关结果，如果存在这种正相关的话，那么也就不会存在那么多倡议型智库。这些智库把注意力和资源集中在循环利用思想而非进行原创性的知识生产，更多是进行现有观点的市场营销，即所谓的倡议。有的甚至达到了把反映捐赠人利益的观点强加给政府接受以达到政策塑造的目的的程度。通常学术性高的作品和论文都难以获得决策者的青睐，因为专业化的叙述造成了与决策者生活世界的隔膜。再说得难听一些，很多核心期刊的学术论文“中看不中用”，对教育政策的实际决策影响不大，因为真正的实际的教育政策研制遵循的往往是另外一套机制，主要包括依靠内参——批示机制以及传统的“调研”机制。前者利用秘书系统完成政府内部各部门决策的互动和信息交流，后者以到基层召集相关利益群体代表开座谈会的方法完成政策信息的搜集和咨询，大都在体制内完成政策的研制。如果是重大教育政策的研制，则需要经过上述程序后，再向社会公开征集意见。进入到这一程序时，一般不可能出现颠覆性的修改，往往是对细枝末节进行完善。不可否认，学术影响力的指标对于提升教育智库的社会声望和学术界的地位关系重大，尤其在中国学界过于

注重理论研究而轻视实践研究的风气下，占据高端核心期刊的版面仍然是为教育智库的脸上贴金之举，从积极方面来说也标志着教育智库的强大的理论创生能力。因此，学术影响力虽然没有直接塑造教育政策的影响力，但可以成为教育智库“高大上”的重要理论支撑，这是目前学界几乎没有争议的定论，必须考虑给予适当的权重。

正如埃布尔森指出的那样，智库的公众曝光率和可视度，与政策的相关性之间存在巨大的差异。实际上高曝光率和可视度很多时候与智库对政策结果的真实影响之间几乎没有正比关系。① 换言之，高曝光率和高可视度也可能对政策几乎毫无影响，而低曝光率和低可视度可能对政策有着重要的影响。与美国智库追求的高曝光率相比，加拿大的智库的曝光率则少而低，但后者对政策结果的影响却更大。这个要考虑不同国家的国情，区别考虑指标权重。中国亦然，媒体的提及量大，也不能证明其对教育政策产生重大冲击。在目前教育政策决策基本上还是封闭的“圈子”的环境下，体制内的教育智库牢牢占据垄断地位，体制外的教育智库很难寻觅到切实参与教育决策的机会和途径。因为统一的教育政策市场没有形成，所以在设置媒体提及量这一指标时只能作为无足轻重的参考。至于筹集资金的数量，这一个指标更是无足轻重。与美国主要依靠捐赠生存的智库相比，中国绝大多数教育智库的资金来源于财政拨款，这和党在国家政治、经济、文化等领域的主导地位相关，社会捐赠对于他们的生存来说无关紧要，当然对于民间教育智库则影响巨大。由于捐赠文化也不发达，公民自发捐赠公益事业的环境有待塑造，因此，设置这一指标略显超前，实际意义不大。国际影响力的评估指标设定同样略微超前，但实际上非常迫切，尤其对高端教育智库的培育意义重大。

显而易见，目前评估教育智库的影响力的“最硬”指标，那就是排在第一位的决策影响力包括的几个方面。除了第 2 条“进入教育行政部门任职（挂职）的人数”，由于民间教育智库缺乏与体制内的旋转门机制尚无法实现外，第 1 条“决策咨询证明（咨政报告的数量及批示）”，尽管体制内的教育智库目前占有垄断地位，但是这扇门还是对体制外教育智库逐渐敞开了。随着新型教育智库建设的深入进展和体制内外教育智库公平竞争机制的形成，第 3 条“决策部门参与智库活动的次数”达成的条件也日益成熟，那么体制外教育智库肯定也能获得更多的政府合同外包服务（即第 4 条“承担政府外包项目的次数”也可以得到衡量），甚至流入政府教育部门任职的专

---

① ABELSOND D E. It seemed like a good idea at the time：reflections on the evolution of American think tanks［J］. Canadian review of American studies，2016（1）：139－157.

家也会越来越多，日后，这4条一定会成为衡量中国特色新型教育智库的决策影响力的核心指标。

（三）新型教育智库的第三方评估

以上是从评估内容来研究新型教育智库的影响力问题。新型教育智库评估从评估主体角度可划分为内部评估和外部评估。内部评估也就是内部审查制度，前面已经研究过了，这里着重剖析一下外部评估。所谓的新型教育智库的外部评估，就是第三方实施的评估，包括智库行业协会的评估、媒体评估及智库排名等。智库排名的问题已经剖析过了，这里着重剖析智库行业协会的评估和媒体的评估。

第一，智库行业协会的评估。在国际上智库主要采取第三方评估的方式进行，英国智库的从业人员须经咨询工程师协会审查合格方能成为会员。咨询企业申请加入协会要经咨询社审批，未经审批入会的不得开展咨询业务。英国咨询企业若向海外开展咨询业务，由英国海外协作事业部统一管理。德国早在1954年就成立德国咨询协会（BDU），会员单位近500个。德国咨询协会的主要任务是帮助会员单位改善咨询行业的经济环境，通过定期出版刊物为咨询业做宣传，为会员单位提供咨询经验和信息方面的交流和培训会员单位的咨询人员。美国咨询协会把政府的法规、政策转化为具体的行业制度，对会员单位实行自律管理。① 中国要创新性采用国际上的智库协会的成熟经验，尽快建立中国新型教育智库的协会，发挥其在教育治理中的不可或缺的作用。

第二，媒体的评估。在西方，媒体对智库有着强烈的需求。新闻报告是由离散的事实织成的一张蜘蛛网，分析结果和诠释框架要么没有被阐明，要么由其他人给出。专家的意见则被视为另一种形式的事实，成为争先报道的对象。由于新闻记者都坚持一种简单的客观性概念，即对立的观点之间是相互制约以平衡的，所以他们对专家预测性评论有着永不知足的渴求。② 媒体对新型教育智库的发展有着重要的影响。特别是具有即时交互、无限兼容特点的新媒体对新型教育智库的负面评估，常给其带来公关危机和信用危机。除了本能地关注负面评估外，媒体更看重智库能否根据媒体设定的时间和内容要求来提供短小精悍的评论或者篇幅限定但却有深度分析的论证等。智库

① 许共城. 欧美智库比较及对中国智库发展的启示［J］. 经济社会体制比较，2010（2）：77－83.

② 史密斯. 思想的掮客：智库与新政策精英的崛起［M］. 李刚，等译. 南京：南京大学出版社，2017：196.

必须改变表达方式，把学术语言转化为大众语言来满足媒体的需要。① 随着数字化新媒体的兴起，新型教育智库要善于借助新媒体等的“意见领袖”和“大众议程设置”的作用开辟宣传和引导舆论的新阵地——把新型教育智库的政策偏好转变为公众的政策偏好，引领舆论风向标。被媒体报道和评估，可以让新型教育智库在公众心里播下大规模教育政策辩论的种子，通过不同观点之间的激烈交锋，实现智库政策论坛、聚合智慧的功能。新型教育智库的勃兴预示着一种政治文化的重建，这种文化鼓励“有活力的公民在社区事务和国家事务中都能参与共同的对话，参与共同决策和政治判断，参与共同的行动”②。有序的公开的大规模的教育政策辩论和对话正是当下教育公共政策研制中缺失的一环。

媒体评估也存在问题，不可不察。

首先，媒体可能为“假智库”撑腰。在美国，媒体经常为那些掩盖其捐赠者的“假智库”提供免费的插播广告和专栏，这就大大削弱了公众对真正智库和专家的信心。幸好像《纽约时报》、英国 BBC 和其他英国媒体开始停止为财政来源不透明的假智库提供平台。③ 国内媒体似乎还缺乏这种责任担当，媒体上随处可见的“软广告”式的理论炒作或政策鼓吹文章可以证明这一点。

其次，在采用信息来源方面，媒体更倾向于采用政府而不是智库的观点。因为国内媒体要担负宣传工作，要保证信息正确无误而采用官方信息，所以这一点可以理解，但这么做的后果就是缺乏对智库应有的支撑，造成教育智库的很多研究难以利用媒体这个平台发声。这个是中国的新型教育智库发展中亟待重视的问题。这一点不同于美国媒体。由于对政府普遍的不信任，媒体就成为智库的主要消费者，而智库也需要借助媒体提高传播质量，在美国纸媒已经为智库所垄断，智库得以利用媒体传播思想和发出声音，二者形成共生关系。在中国充斥荧屏的则是各种心灵鸡汤和宫斗戏剧，对智库提供的产品需求不足。纸媒更喜欢偏重对社会阴暗面的揭露，但他们几乎不需要有深度的智库文章。如何形成媒体与智库的良性互动关系，值得进一步深入探讨。

---

① McGANN J G. Think tanks and policy advice in the US：academics，advisors and advocates [M]. New York：Routledge，2007：64－65.

② 弗雷德里克森．公共行政的精神 [M]．张成福，等译．2 版．北京：中国人民大学出版社，2013：28.

③ BRUCKNER T. Think tank or fake tank? Seven common misperceptions about think tanks [N]. Open democracy，2017－05－19.

最后，媒体通过选择性地提供信息，左右公众关注哪些问题以及关注的先后顺序。“得到媒体更多关注的问题，很快为人们所熟知。”[①] 媒体报道立场的形成也会受到公众倾向的影响，甚至受到利益集团控制，促进民主的角色变得越来越弱。[②] 正如戴维·M. 里奇指出的那样，大众媒体工具往往在歪曲社会世界，有时是向大众提供不全面或不相关的数据，有时提供的重要数据却是晦涩难懂的，因为这些信息的来源都是带有偏见的。因此，几乎没有几个美国人能够通过电视新闻和报纸来了解公共事务。[③] 这里补充一个佐证，2017 年“假新闻”（fake news）一词使用频率增加了 365%，在《科林斯英语词典》的“年度词语候选榜”上跃居首位。该词典对“假新闻”的定义是“披着新闻报道的外衣散布虚假的、耸人听闻的信息”。[④]

解决上述问题的策略包括培育多样的媒体竞争对手，促使其从不同角度报道新闻，凸显差异化，对事件的深度挖掘必然要寻求智库的专业支持。由于媒体自身的定位和专业人员素质也会影响议程设置，因此宣传部门要对各类媒体进行正确定位，差异竞争，设定从业人员的门槛，使得探寻真相、客观、真实和公正成为媒体信仰的最高准则，从而强化其对智库支撑的倚重。由于广告商往往是决定媒体的报道内容的重要力量，因此必须强制各类媒体把所接受的广告经费来源透明化，接受公众监督。广告经费来源的多元化，使得媒体摆脱了对某一广告商的依赖和利益“俘虏”，从而更能坚守平衡的中立立场，从根本上保障了对客观公正的智库产品的需求。

展望未来，新型教育智库遇到的挑战更多，比如由于智库数量的不断增长，尤其是高端的综合性智库把触角深入教育咨询市场，以及民间教育智库的异军突起都会使得教育咨询市场更加拥挤，竞争压力日益加剧。另外，吸引媒体的报道也是一个两难处境。如果新型教育智库提出一些明智可行的政策方案，但由于朴素无华，难以引起媒体的关注，也就难以影响公众。而要引起媒体的关注，就不得不去进行一些哗众取宠的包装，可能又会降低政策方案的质量。因此新型教育智库除了努力提高研究的质量和保持成果的简洁之外，还必须着力寻求容易销售其思想产品的形式，否则就别指望产生影

---

① McCOMBS M E，SHAW D L. The agenda – setting function of mass media［J］. Public opinion quarterly，1972，36（2）：176 – 187.

② DELIA D，ANTHONY M. Mass media and democratic politics［M］//LEICHT K T，JENKINS J C. Handbook of politics：state and society in global perspective. New York：Springer，2012：477 – 491.

③ 里奇. 美国政治的转变：新华盛顿与智库的兴起［M］. 李刚，等译. 南京：南京大学出版社，2018：127.

④ 舍默. 虚假新闻占领世界［J］. 环球科学，2018（4）：93.

响。随着智库的国际化进展，决策者更多希望看到智库进行中外教育政策的全方位、多维度、广层次比较，以便能够提出更适切实用的咨政方案。跨国发展和设立离岸分支机构也有利于在新的咨询市场经纪自己的教育新思想。这已经成为一种跨国的“智库新潮”。如果当地的新型教育智库未能进入由教育政策组成的国际网络并成为其中的重要主体，那么很可能被决策者视为不够“高大上”，或者“太狭隘”而弃之不用，破解的对策就是新型教育智库需要向传统教育智库告别和同步启动国际化升级更新，迎难而上。

第七章　研究反思

一、研究的创新和不足

本研究的创新集中体现在以下三点。

第一，本研究初步构建新型教育智库治理机制的“一般理论”和“话语系统”，这是本文最大的创新所在，使得中国新型教育智库具有与国外同行同台竞技的本土化的理论支撑。这是理论层面的意义。至于实践层面就显得更为重要。理论的贫困造成当下的新型教育智库的建设推进缓慢，适切的本土化新型教育智库的治理机制理论的构建不仅为破解理论迷思提供指南，也为扎实的实践提供突破保障，并且该理论在新时代伟大的实践中也不断得到检验、修正和发展。

第二，本研究可为新型教育智库的评估量表研制提供指导。目前关于新型教育智库如何评估的研究异常少见。本研究则可为开发一个相关评估量表提供理论指导，供实践中以评促建，更好地塑造和净化新型教育智库治理的生态环境。

第三，本研究把社会科学常用的扎根理论方法运用到新型教育智库治理机制的研究之中，使得其成为和用思辨研究、量化研究等不同范式的透视新型教育智库奥秘的透镜一样提供另外一种研究视角，构建了中国新型特色教育智库的本土化的理论，丰富了新型教育智库研究手段的创新和使用，丰富国际学术界对教育智库的认识，有助于进一步逼近新型教育智库治理机制的本质。

本研究的不足也有以下两点。

第一，关于新型教育智库的监管机制问题有待深入探讨。本论文只是概要式地粗略剖析了新型教育智库监管的问题。随着新型教育智库的治理进入深水区和新型教育智库的发展从萌芽期过渡到爆发期，尤其是社会教育智库的巨量涌现，势必出现泥沙俱下的情况，监管机制的问题必将成为智库界面临的一大挑战和重要议程。

第二，新型教育智库不同于国际同行的一大特色就在于既能咨政，又能咨学。本论文只是对承担咨政职能的科研员的准入标准做了探讨，而对于主要承担咨学职能的教研员的准入标准，由于相关知识储备不足和时间紧迫而未能做探讨，留待后续深入研究。

二、研究设计反思

本论文整体设计是文献研究方法与扎根理论方法相结合来进行新型教育智库治理机制的研究，这就决定首要是进行相关文献综述，从理论上获得关于新型教育智库“应然”的图景，然后再分类抽样获取三类能够表征我国教育智库发展现状的典型，探索其“实然”状态，在探索“实然”状态时，从研究现场获取教育智库治理机制的若干特点，并与文献梳理的理论进行比照，找出差异所在，以获取研究的洞察力。这个过程是一个反复迭代的生成过程，多次的编码和解码的对话，多次建构与解构的重逢，多次互动和慎思的缠绕，才归纳出代表新型教育智库治理机制“一般通则”的初步结论。而且这个结论还要经受同行不断的检验和修正。当然，在这个比照的过程中，也收获了意外发现，证实了没有意外发现的扎根理论研究不能算是好的研究。比如即使在大名鼎鼎的 A 型智库，其咨政建言受阻也成为常态。如果说一家平庸的智库咨政建言受阻成为常态可以理解的话，对于 A 型智库这样国内顶尖的专业教育研究机构的咨政建言受阻也成为常态就令人费解了。笔者在导师的指导下针对这个问题进行了深挖，发现尽管智库的地位与党的十八大之前相比有了很大的提高，但在地方上权力还没有向知识充分地敞开大门，决策相对较为封闭，终身制的公务员体系仍然是政府教育政策建议的主要来源，智库专家还没有成为精英的一员，智库在促成教育公共政策方面起到的作用极其有限。但由于这个发现在目前的学术语境中是游离于新型教育智库治理机制的主题之外，而未能纳入本论文研究成果之中，至为遗憾。尽管越来越多的研究者拿起扎根理论研究这个工具，但目前仍不占主流，甚至有被思辨研究、量化研究联手“打压”的趋势。目前的学术界仍然跟随美国的极端注重量化研究的脚步，亦步亦趋。而在德国等欧洲大陆国家，扎根理论研究已成为智库界的主流研究方法。

获得进场许可被认为是个案研究中极为重要的步骤，笔者很顺利地获得许可。笔者所在的智库与抽样的个案智库有着良好的业务合作，彼此很熟稔，对作为进场“门卫”的智库主要负责人也很熟悉，进场之后与访谈对象之间的合作也很顺利。由于做了同样的工作，笔者与相关人员的共鸣点很容易找到，以此建立彼此的信任和良好的人际关系。而且，笔者做到了研究对象的说法在分析中享有特权，并且要让研究者对自己的看法有信心。他们应该自由地表达自己的意见与经验，而不受研究者的地位影响而有所退却。在研究中，笔者透过与访谈对象的文化视域接触，从而调整自己的文化视域，实现了视域融合。笔者不仅了解了被访者的内部世界，而且被访者也了解了笔者的内部世界，即访谈者和被访谈对象对研究结论达成一致。

资料的分析被视为质性研究最难的一步，因为实证的资料需要理论视角加以解读，需要理论与材料之间建立完美的衔接。本论文最初归纳的 12 个问题，在 A、B、C 三个案例都不同程度存在，在案例中生成的治理机制也都对 12 个问题进行较好的回应，基本实现了材料与理论之间的有效连接。但仅仅是理论与研究发现之间的吻合并不足以产生令人信服的论证，还必须从经验材料中建立抽象概念，并且致力于使该抽象概念能够最适当地表达经验材料，以期两者之间能够达到严谨认可的适合水准。[①] 笔者通过从案例材料中抽取提炼“资格”“动力”“净化”以及“控制”“激励”“协调”等关键词作为构建新型教育智库内外部治理机制的基本元素，不仅谋求逻辑自洽，而且力求材料发现与概念建构两者间达到较为严谨的适合水准。

至于质性研究的流程笔者体会倒没那么严格和死板，正如陈向明指出的那样，质性研究是一个连续体，研究者可以根据具体的情景和要求对于其方法论和研究路径进行因地制宜的和灵活的调整。[②] 笔者明明是教育智库界的“局内人”，不是生手，就不要装作像人类学家进入一个完全陌生的族群那样，盲人摸象一样找一个“关键人物”作为进场的“门卫”。教育界有一定经验的人做扎根理论研究不能生搬硬套人种学的方法，要懂得取舍，直奔主题。

当然，要把发轫于西方的扎根理论研究方法本土化，仍有一段漫长的路要走。中国人的语言讲求含义隽永，意味深长，很难像西方人那么样直白无忌，心直口快。因此在用西方这套精密的分析语言工具的时候，存在追求精确性解读的困难。尤其笔者采访的对象大都是学术界的大咖或者行业翘楚，

① CARSPECKEN P F. 教育研究的批判民俗志：理论与实务指南［M］. 郑同僚，译. 台北：高等教育文化事业有限公司，2004：291.

② 陈向明. 质的研究方法与社会科学研究［M］. 北京：教育科学出版社，2000：61－62.

至少都是硕士以上的学历，这些人的思维都很严谨，但表达出来却具有独特的东方语言艺术，即“点到为止，只可意会”。幸好笔者与这些访谈对象有比较好的人际关系，可以厚着脸皮反复求证。如果没有这层友好关系，我还会如此执着地打破砂锅问到底吗？在中国的情境中使用扎根理论研究方法，与访谈对象建立良好的关系至关重要，甚至某种程度上决定了研究的成败。

参考文献

[1] ABELSON D E. American think tanks and their role in the U. S. foreign policy [M]. London and Basingstoke: MacMillan Press Ltd. , 1996.

[2] LEVI - FAUR D. The oxford handbook of governance [M]. New York: Oxford University Press, 2012.

[3] RHODES R A W. Understanding governance: policy network, governance, reflexivity and accountability [M]. Buchingham Philadelphia: Open University Press, 1997.

[4] MEDVETZ T. Think tanks in America [M]. Chicago: The University of Chicago Press, 2002.

[5] WALLACE W. Between two worlds: think tanks and foreign policy [M] // HILL C, BESHOFF P. Two worlds of international relations: academics, practitioners and the trade in ideas. London and New York: Routledge, 1994: 139 - 163.

[6] LEWIS E. Public entrepreneurship: toward a theory of bureaucratic political power [M]. Bloomington: Indiana University Press, 1980.

[7] McGANN J G. Think tanks and policy advice in the US: academics, advisors and advocates [M]. New York: Routledge, 2007.

[8] ABELSON D E. A capitol idea: think tanks and US foreign policy [M]. Montreal and Kingston: McGill - Queen's University Press, 2006.

[9] LEICHT K T, JENKINS J C. Handbook of politics: state and society in global perspective [M]. New York: Springer, 2012.

[10] 周其仁. 改革的逻辑 [M]. 北京：中信出版社，2013.

[11] 麦甘恩，威登，拉弗蒂. 智库的力量：公共政策研究机构如何促进社会发展 [M]. 王晓毅，张倩，李艳波，等译. 北京：社会科学文献出

版社，2016.
[12] 阿贝拉. 兰德公司与美国的崛起 [M]. 梁筱芸，张小燕，译. 北京：新华出版社，2016.
[13] 胡森，波斯尔斯韦特. 国际教育百科全书：第七卷 [M]. 徐培成，译. 贵阳：贵州教育出版社，1990.
[14] 弗雷德里克森. 公共行政的精神 [M]. 张成福，刘霞，张璋，等译. 2 版. 北京：中国人民大学出版社，2013.
[15] 基夫斯. 教育研究方法：上 [M]. 石中英，译. 重庆：西南师范大学出版社，2011.
[16] 埃布尔森. 国会的理念：智库和美国外交政策 [M]. 李刚，黄松菲，丁炫凯，等译. 南京：南京大学出版社，2017.
[17] 基切尔. 科学、真理与民主 [M]. 胡志强，高懿，译. 上海：上海交通大学出版社，2015.
[18] 马森，魏因加. 专业知识的民主化？探求科学咨询的新模式 [M]. 姜江，马晓琨，秦兰珺，译. 上海：上海交通大学出版社，2010.
[19] 里奇. 智库、公共政策和专家治策的政治学 [M]. 潘羽辉，等译. 上海：上海社会科学院出版社，2010.
[20] 麦甘恩，萨巴蒂尼. 全球智库：政策网络与治理 [M]. 韩雪，王小文，译. 上海：上海交通大学出版社，2015.
[21] 朱孔来，刘学璞，朱孟斐. 科技社团参与国家治理体系研究 [M]. 济南：济南出版社，2016.
[22] 朱亚鹏. 公共政策过程研究：理论与实践 [M]. 北京：中央编译出版社，2013.
[23] 王浦劬，臧雷振. 治理理论与实践：经典议题研究新解 [M]. 北京：中央编译出版社，2017.
[24] 夏征农，陈至立. 辞海：第六版缩印本 [M]. 上海：上海辞书出版社，2000.
[25] 科宾，施特劳斯. 质性研究的基础：形成扎根理论的程序与方法 [M]. 朱光明，译. 3 版. 重庆：重庆大学出版社，2015.
[26] 巴比. 社会研究方法 [M]. 邱泽奇，译. 13 版. 北京：华夏出版社，2015.
[27] 陈向明. 质的研究方法与社会科学研究 [M]. 北京：教育科学出版社，2000.
[28] 袁振国. 教育政策学 [M]. 南京：江苏教育出版社，2001.

[29] 埃布尔森. 智库能发挥作用吗？公共政策研究机构影响力之评估［M］. 扈喜林，译. 2版. 上海：上海社会科学院出版社，2010.
[30] 威廉姆森. 治理机制［M］. 石烁，译. 北京：机械工业出版社，2016.
[31] 福特. 机器人时代：技术、工作与经济的未来［M］. 王吉美，牛筱萌，译. 北京：中信出版社，2015.
[32] 高尔，等. 教育研究方法导论［M］. 许庆豫，等译. 南京：江苏教育出版社，2002.
[33] 俞可平. 增量民主与善治［M］. 北京：社会科学文献出版社，2005.
[34] 彼得斯. 美国的公共政策：承诺与执行［M］. 姚建华，顾丽梅，等译. 上海：复旦大学出版社，2008.
[35] 珍妮特·V. 登哈特，罗伯特·B. 登哈特. 新公共服务：服务，而不是掌舵［M］. 丁煌，译. 北京：中国人民大学出版社，2010.
[36] 史密斯. 思想的掮客：智库与新政策精英的崛起［M］. 李刚，邹婧雅，赖雅兰，等译. 南京：南京大学出版社，2017.
[37] 唐磊. 当代智库的知识生产［M］. 北京：中国社会科学出版社，2015.
[38] 任晓. 第五种权力：论智库［M］. 北京：北京大学出版社，2015.
[39] 王佩亨，李国强. 海外智库：世界主要国家智库考察报告［M］. 北京：中国财政经济出版社，2014.
[40] 里奇. 美国政治的转变：新华盛顿与智库的兴起［M］. 李刚，邹婧雅，王爽，等译. 南京：南京大学出版社，2018.
[41] 斯特鲁伊克. 完善智库管理：智库、"研究与倡导型"非政府组织及其资助者的实践指南［M］. 李刚，等译. 南京：南京大学出版社，2017.
[42] 斯特鲁伊克. 经营智库：成熟组织的实务指南［M］. 李刚，等译. 南京：江苏人民出版社，2015.
[43] 朱云汉. 高思在云：中国兴起与全球秩序重组［M］. 北京：中国人民大学出版社，2015.
[44] 史密斯. 科学顾问：政策过程中的科学家［M］. 温珂，李乐旋，周华东，译. 上海：上海交通大学出版社，2010.
[45] 霍伊，马萨尔. 教育管理学：理论、研究、实践［M］. 范国睿，译. 7版. 北京：教育科学出版社，2007.
[46] 郑永年. 内部多元主义与中国新型智库建设［M］. 北京：东方出版

社，2016.
[47] 比克，保尔，亨瑞克斯. 科学权威的矛盾性：科学咨询在民主社会中的作用［M］. 上海：上海交通大学出版社，2015.
[48] 戴伊. 理解公共政策［M］. 彭勃，等译. 北京：华夏出版社，2004.
[49] 蒂尔，马斯特斯. 从0到1：开启商业与未来的秘密［M］. 高玉芳，译，北京：中信出版社，2015.
[50] 孔飞力. 中国现代国家的起源［M］. 陈兼，陈之宏，译. 北京：生活·读书·新知三联书店，2013.
[51] 柯武刚，史漫飞. 制度经济学：社会秩序与公共政策［M］. 韩朝华，译. 北京：商务印书馆，2000.
[52] 威廉姆森. 治理机制［M］. 石烁，译. 北京：机械工业出版社，2016.
[53] 米尔格罗姆，罗伯茨. 经济学、组织与管理［M］. 费方域，译. 北京：经济科学出版社，2004.
[54] 科斯，等. 财产权利与制度变迁［M］. 上海：上海人民出版社，1994.
[55] 王莉丽. 智力资本：中国智库核心竞争力［M］. 北京：中国人民大学出版社，2015.
[56] 廖鸿，石国亮，朱晓红. 国外非营利组织管理创新与启示［M］. 北京：中国言实出版社，2011.
[57] CARSPECKEN P F. 教育研究的批判民俗志［M］. 郑同僚，译. 台北：高等教育文化事业有限公司，2004.
[58] 戴蒙德. 枪炮、病菌与钢铁：人类社会的命运［M］. 谢延光，译. 修订版. 上海：上海译文出版社，2016.
[59] 余世存. 一个人的世界史［M］. 广州：广东人民出版社，2016.
[60] 奥斯本. 新公共治理？公共治理理论和实践方面的新观点［M］. 包国宪，赵晓军，等译. 北京：科学出版社，2016.
[61] RHODES R A W. The new governance：governing without government［J］. Political studies，2006，44（4）：652－667.
[62] ABELSON D E. It seemed like a good idea at the time：reflections on the evolution of American think tanks［J］. Canadian review of American studies，2016（1）：139－157.
[63] WIARDA H J. Think tanks and foreign policy in a globalized world：new ideas，new "tanks"，new directions［J］. International journal，2015，

70 (4): 517 -525.

[64] WEIDENBAUM M. A challenge to Washington think tanks [J]. Challenge, 2009, 52 (1): 87 -96.

[65] TROY T. From think tank to do tank [J]. The Wilson quarterly, 2012, 36 (2): 59.

[66] SLAUGHTER A M, SCOTT B. Rethinking the think tank [J]. Washington monthly, 2015 (11): 1 -5.

[67] RUSSELL N. A think tank with action [J]. The American spectator, 2013: 44.

[68] WELNER K G. Free-market think tanks and the marketing of education policy [J]. Dissent, 2011 (58): 39 -43.

[69] STONE D. Recycling bins, garbage cans or think tanks? Three myths regarding policy analysis institutes [J]. Public administration, 2010, 85 (2): 259 -278.

[70] UNDP. Thinking the Unthinkable, Bratislava: UNDP Regional Bureau for Europe and the Commonwealth of Independent Sates, 2003: 6.

[71] WEAVER R K. The Changing world of think tanks [J]. Political science & politics, 1989, 22 (3): 563 -578.

[72] PAUTZ H. Revisiting the think-tank phenomenon [J]. Public policy and administration, 2011 (4): 419 -435.

[73] SAVAGE G C. Think tanks, education and elite policy actors [J]. The Australian educational researcher, 2016, 43 (1): 35 -53.

[74] SANDU C. Theory of governance and social enterprise [J]. Usv annals of economics and public administration, 2014, 14 (2): 204 -222.

[75] PEREZ M. EU think tank fora as transaction cost reducers: a study of informal interest intermediation in the EU [J]. Journal of contemporary European research, 2014, 10 (2): 146 -165.

[76] BRAML J. U. S. and German think tanks in comparative perspective [J]. German policy studies, 2006, 3 (2): 222 -267.

[77] CLEVELAND H. The twilight of hierarchy: speculations on the global information society [J]. Public administration review, 1985, 45 (1): 185 -195.

[78] STONE D. Think tanks across nations: the new network of knowledge [J]. NIRA review, 2000, 34 (4): 34 -39.

[79] SCHARPF F W. Games real actors could play: the challenge of complexity [J]. Journal of theoretical politics, 1991, 3 (3): 277 -304.

[80] DROR Y. On becoming more of a policy scientist [J]. Policy studies Review, 1984 (4): 13 -22.

[81] DREZNER. American think tanks in the twenty-first century [J]. International Journal, 2015, 70 (4): 637 -644.

[82] McCOMBS M E, SHAW D L. The agenda-setting function of mass media [J]. Public opinion quarterly, 1972, 36 (2): 176 -187.

[83] 付卫东，付义朝. 我国教育智库建设的现状、问题及展望 [J]. 华中师范大学学报（人文社会科学版），2017 (2): 167 -176.

[84] 王建梁，郭万婷. 我国教育智库建设：问题与对策 [J]. 教育发展研究，2014 (9): 1 -6.

[85] 袁本涛，杨力苈. 从文献看教育智库研究：一个亟待开拓的领域 [J]. 高等工程教育研究，2016 (2): 40 -47.

[86] 郑新立. 探索建立中国特色新型智库 [J]. 全球化，2014 (3): 5 -11, 125.

[87] 中国国际经济交流中心“加强中国特色新型智库建设研究”课题组，张大卫，张小冲，等. 中国特色新型智库构建：现状、问题及对策 [J]. 全球化，2015 (2): 107 -119, 133.

[88] 周洪宇. 创新体制机制，建设中国特色新型教育智库 [J]. 教育研究，2015 (4): 8 -10.

[89] 王佳宁，张晓月. 智库的起源、历程与趋势 [J]. 重庆社会科学，2012 (10): 102 -109.

[90] 谢维和. 谈《教育研究》杂志的智库功能 [J]. 教育研究，2015 (4): 19 -21.

[91] 朱旭峰. “思想库”研究：西方研究综述 [J]. 国外社会科学，2007 (1): 60 -69.

[92] 薛澜，朱旭峰. 中国思想库的社会职能：以政策过程为中心的改革之路 [J]. 管理世界，2009 (4): 55 -65, 82, 188.

[93] 薛澜，朱旭峰. “中国思想库”：涵义、分类与研究展望 [J]. 科学学研究，2006 (3): 321 -327.

[94] 叶林峰. 建设中国特色新型智库的若干建议 [J]. 情报杂志，2016 (3): 32 -35.

[95] 胡鞍钢. 建设中国特色新型智库 [J]. 清华大学教育研究. 2013, 34

(5)：1 -4.

[96] 刘德海. 中国特色新型智库协调发展研究：兼论江苏新型智库体系建构 [J]. 南京社会科学，2014 (12)：1 -7，14.

[97] 李国强. 对"加强中国特色新型智库建设"的认识和探索 [J]. 中国行政管理，2014 (5)：16 -19.

[98] 朱旭峰. 构建中国特色新型智库研究的理论框架 [J]. 中国行政管理，2014 (5)：29 -33.

[99] 张康之. 论开放社会中的社会治理 [J]. 四川师范大学学报 (社会科学版)，2016 (1)：5 -13.

[100] 潘懋元. 高等教育治理体系与治理能力现代化的解读与思考 [J]. 现代教育论丛，2015 (6)：2 -4.

[101] 孙绵涛. 现代教育治理体系的概念、要素及结构探析 [J]. 教育研究与实验，2015 (6)：52 -56.

[102] 褚宏启. 教育治理：以共治求善治 [J]. 教育研究，2014 (10)：4 -11.

[103] 李清刚. 民办教育公共治理的缺失与重建 [J]. 教育理论与实践，2015 (11)：16 -18.

[104] 徐君. 美国的社区调解机制及其建构 [J]. 中国行政管理，2013 (10)：101 -105.

[105] 庞丽娟. 我国新型教育智库若干重要问题的思考 [J]. 教育研究，2015 (4)：4 -8.

[106] 陶侃. 对县级教科所 (室) 萎缩现象的剖析 [J]. 教育评论，1995 (1)：6 -7.

[107] 李清刚，赵敏. 新型教育智库咨政建言受阻的成因与破解策略 [J]. 教育研究与实验，2017 (6)：61 -65.

[108] 吴康宁. 教育改革需要什么样的国家智库 [J]. 中国高等教育，2014 (6)：16 -19.

[109] 陈振明. 政策科学与智库建设 [J]. 中国行政管理，2014 (5)：11 -15.

[110] 魏红霞. 美国的新思想库 [J]. 美国研究，2010 (3)：107 -126.

[111] 金芳. 国际知名智库跟踪研究系列：当前国际智库的发展趋势及研究方向 [J]. 社会观察，2008 (2)：108 -110.

[112] 赵志耘，杨朝峰. 中美思想库比较研究 [J]. 中国软科学，2011 (7)：17 -23.

[113] 沈进建. 美国智库的法律责任与法律约束初探 [J]. 智库理论与实践, 2016 (1): 75 – 80.

[114] 李玲娟. 美国智库的研究及对中国民间智库的启示 [J]. 辽宁行政学院学报, 2008 (6): 27 – 28.

[115] 程永明. 日本智库的发展现状、特点及其启示 [J]. 东北亚学刊, 2015 (2): 22 – 27.

[116] 王志章. 日本智库发展经验及其对我国打造高端新型智库的启示 [J]. 思想战线, 2014 (2): 144 – 151.

[117] 王智勇. 德国的思想库 [J]. 国际经济评论, 2005 (2): 60 – 64.

[118] 黄少安. 制度经济学实质上都是关于产权的经济学 [J]. 经济纵横, 2010 (9): 1 – 7.

[119] 黄少安. 制度经济学由来与现状解构 [J]. 改革, 2017 (1): 132 – 144.

[120] 薛澜. 智库热的冷思考: 破解中国特色智库发展之道 [J]. 中国行政管理, 2014 (5): 6 – 10.

[121] 张力. 新型教育智库建设进入一个全新阶段 [J]. 教育研究, 2015 (4): 13 – 14.

[122] 戴慧. 英国智库考察报告 [J]. 中国发展观察, 2014 (1): 34 – 38.

[123] 伍国. 中国离现代科学精神有多远 [J]. 书屋, 2016 (4): 14.

[124] 谷贤林, 邢欢. 美国教育智库的类型、特点与功能 [J]. 比较教育研究, 2014 (12): 1 – 6.

[125] 李光. 现代日本思想库发展的三次浪潮及其特点 [J]. 武汉大学学报 (社会科学版), 1992 (2): 32 – 39.

[126] 李清刚, 黄崴. 新型教育智库的评估机制探析 [J]. 教育理论与实践, 2016 (12): 32 – 35.

[127] 朱旭峰, 苏钰. 西方思想库对公共政策的影响力: 基于社会结构的影响力分析框架构建 [J]. 世界经济与政治, 2004 (12): 21 – 26.

[128] 陈升, 孟漫. 智库影响力及其影响机理研究: 基于 39 个中国智库样本的实证研究 [J]. 科学学研究, 2015 (9): 1 306 – 1 312.

[129] 许共城. 欧美智库比较及对中国智库发展的启示 [J]. 经济社会体制比较, 2010 (2): 77 – 83.

[130] MEDVETZ T. Hybrid intellectuals: think tanks and public policy experts in the United States [D]. Berkeley: University of California, Berkeley, 2006.

[131] 李燕. 教研室职能研究：以济南市教研室为个案 [D]. 济南：山东师范大学，2009.

[132] 朱猛. 日本智库的运作机制：以日本国际问题研究所为例 [D]. 北京：外交学院，2015.

[133] BRUCKNER T. Think tank or fake tank? Seven common misperceptions about think tanks [N]. Open democracy，2017-05-19.

[134] BROOKS D. Thanks for nothing [N]. National review，1991-02-25.

[135] 周洪宇，等. 从“稳基础”向“强实力”跨越转变：基于全国 8 省（区、市）112 家教育智库的调查 [N]. 光明日报，2017-08-17.

[136] 陶平生. 推进国家高端智库建设的路径 [N]. 学习时报，2017-05-26.

[137] 胡薇. 日本智库的发展现状及启示 [N]. 光明日报，2016-11-16.

[138] 周谷平，罗弦. 中国立场的教育智库与教育治理 [N]. 中国教育报，2017-04-27.

附　录　1

新型教育智库治理机制研究的半结构访谈提纲

访谈者职务　　职称　　性别　　　从业时间

一、请结合您所在的教育智库谈谈如何理解智库这个概念？如何理解新型教育智库概念？

二、您从实践看来，您所在的教育智库提供了哪些产品？

三、您认为您所在的教育智库目前主要发挥了什么职能？理由是什么？

四、在您看来，您所在的教育智库所提出的咨政建言是否都成功转化为教育政策？为什么？

五、在您看来，教育智库参与教育部门的决策是否顺畅？如果顺畅，请谈谈理由。如果存在问题，能否简单描述一下主要是什么问题？

六、请结合您所在的智库，谈谈新型教育智库专业能力建设方面取得的主要成就以及存在的主要问题，还有解决问题的相关建议。

七、以美国为代表的高端智库标榜完全“独立”，那么结合您所在的智库的情况谈谈对这个问题的理解。

八、请谈谈贵智库在人力资源招聘及管理方面自主权行使情况。

九、请谈谈贵智库在经费筹集与使用方面的自主权行使情况。

十、请谈谈贵智库在数据库开发与建设方面的进展情况。

十一、贵智库有没建立起适切性的绩效评价？成效如何？问题有哪些？改进建议是什么？

十二、请自我评价一下贵智库在学术界、教育行政部门、新闻界及在与教育相关产业的影响力。

十三、请谈谈贵智库最擅长什么？有哪些可能存在的短板或者需要改进的方面？

十四、请结合贵智库情况谈谈您如何看待新型教育智库的内部治理机制？有何建议？

十五、如果要对新型教育智库进行评估排名的话，您如何看待这个问题？支持、反对或中立？理由是什么？

十六、贵智库目前有没有建立类似美国的“旋转门”机制，即有没有教育行政人员流进来，智库专家或管理层流入教育行政部门任职？如果有的话，人次是多少？如果没有，可能的原因是什么？

十七、在您看来，作为新型教育智库的专业人员应该具有哪些基本标准或要求？

十八、在您看来，要不要建立全国性或地方性的教育智库行业的咨询协会？理由是什么？

十九、请问贵智库有没举办过向公众开放的教育政策辩论会？如果有，场次是多少？如果没有，可能的原因是什么？

二十、请问贵智库有没从事“第二轨道外交”，即从事对外宣传？如果有，取得的成效如何？还有什么问题需要改进？

二十一、您认为政府在哪些方面进行制度供给才能更好地促进新型教育智库的外部治理机制完善？

二十二、请您根据您所在教育智库与下列四个领域打交道多少的实际情况，按照从多到少的顺序依次排列：

教育行政部门　　媒体　　商界　　学术界

按照从多到少依次排列的顺序：1.　　2.　　3.　　4.

附 录 2

15 个治理机制类属的编码图

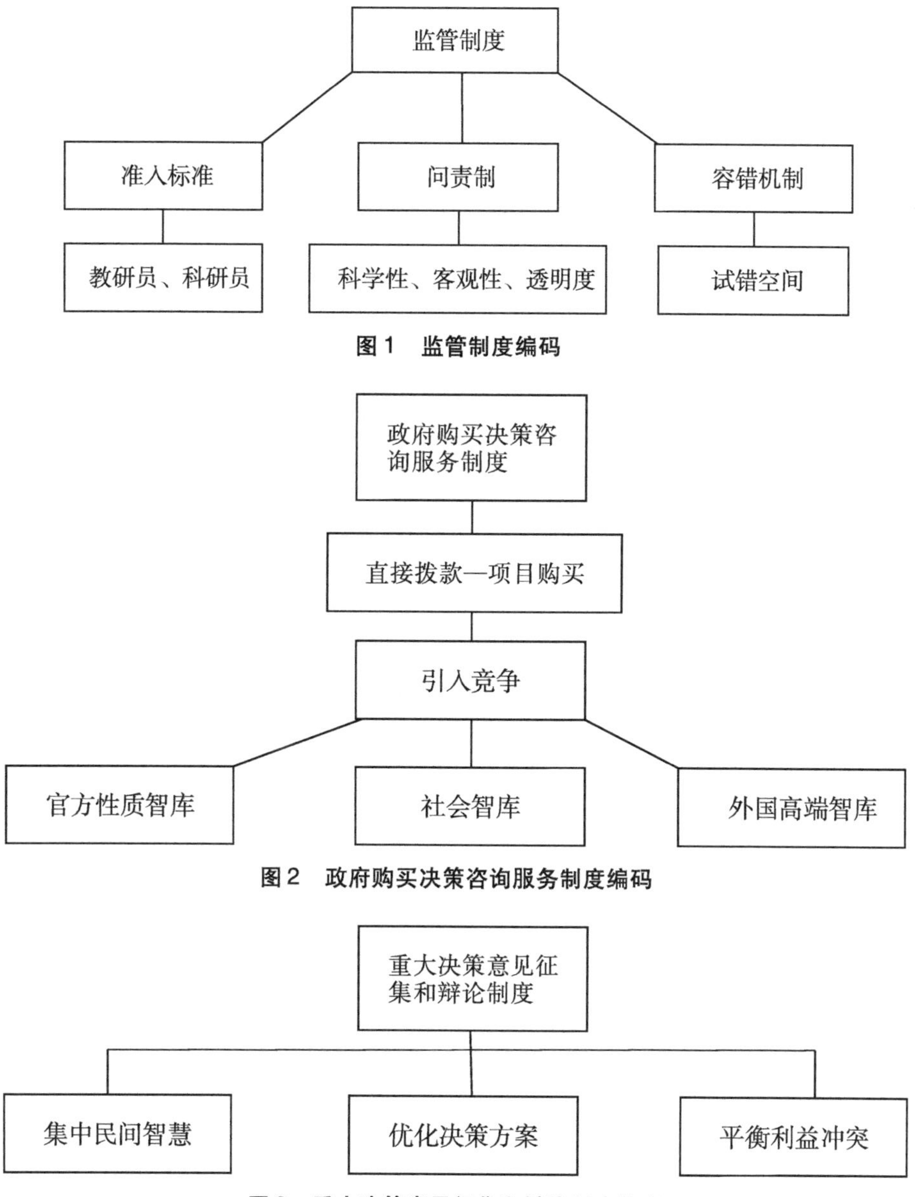

图 1　监管制度编码

图 2　政府购买决策咨询服务制度编码

图 3　重大决策意见征集和辩论制度编码

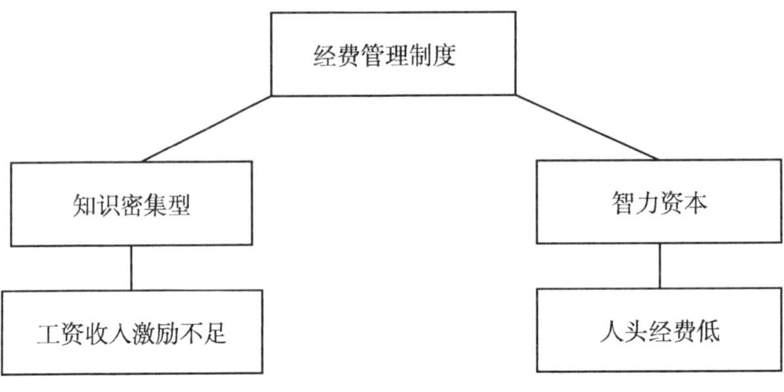

图 4　经费管理制度编码

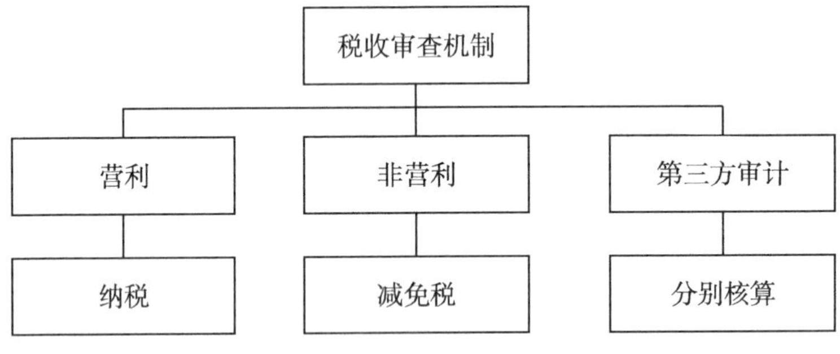

图 5　税收审查机制编码

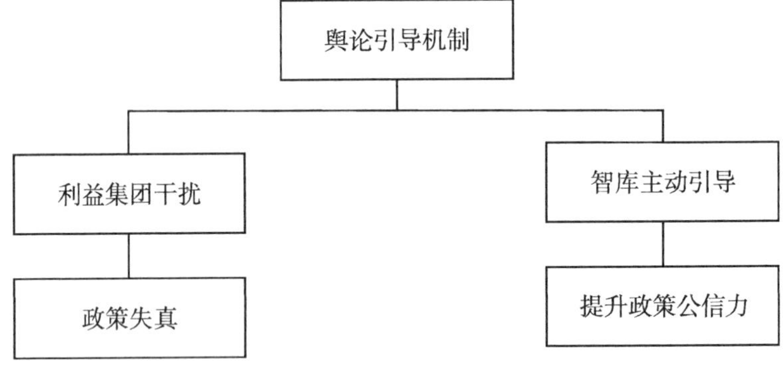

图 6　舆论引导机制编码

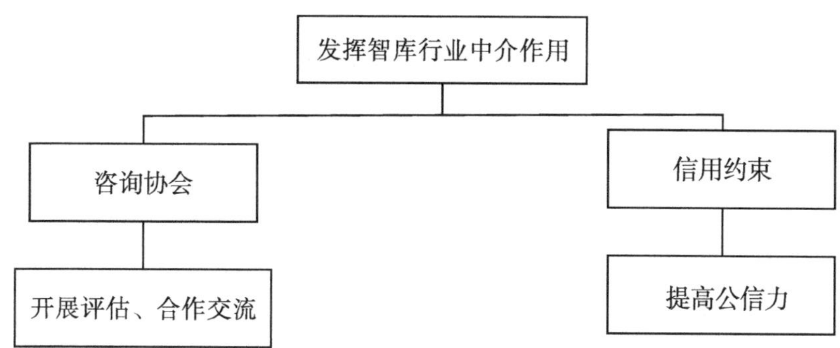

图 7 发挥智库行业中介作用编码

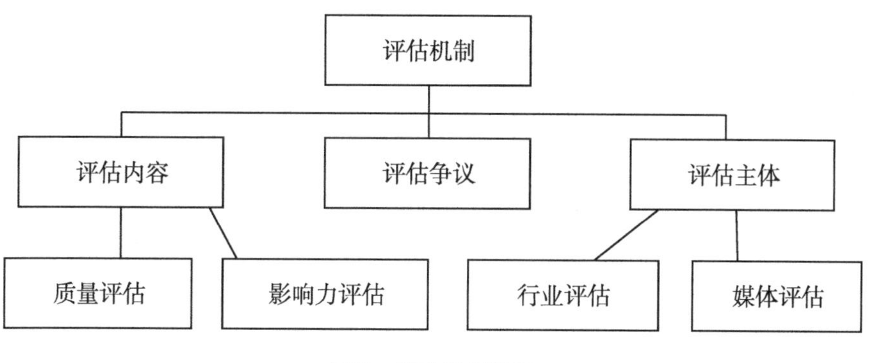

图 8 评估机制编码

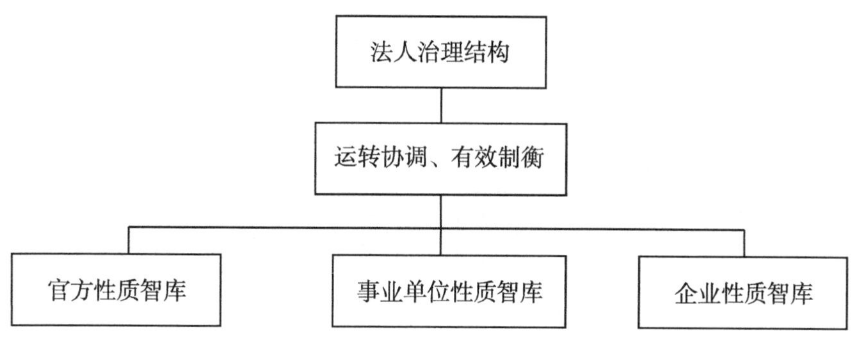

图 9 法人治理结构编码

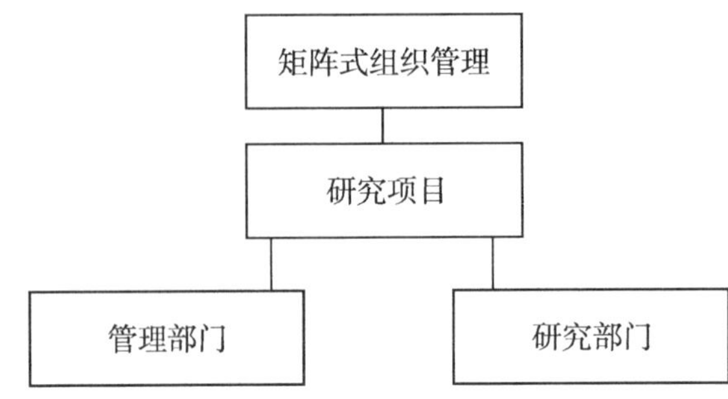

图 10　矩阵式组织管理编码

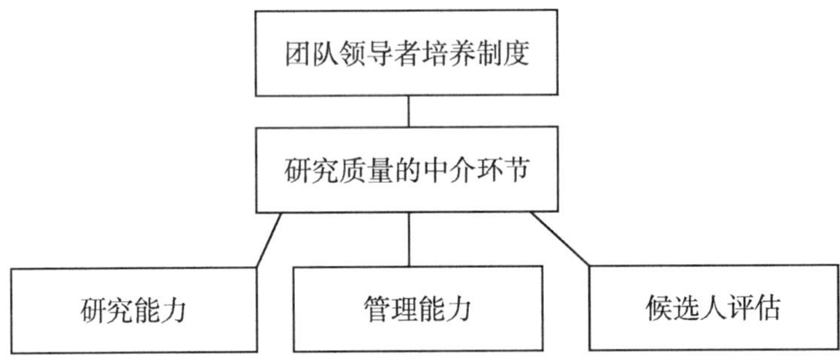

图 11　团队领导者培养制度编码

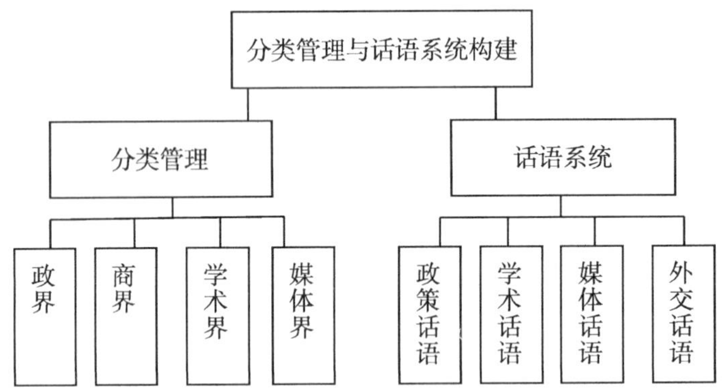

图 12　分类管理与话语系统构建机制编码

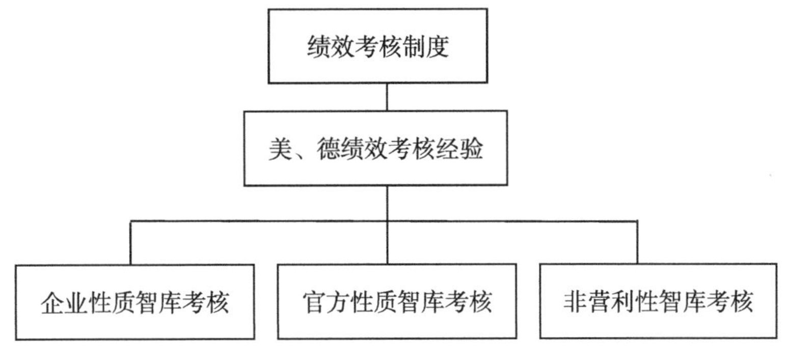

图 13 绩效考核制度编码

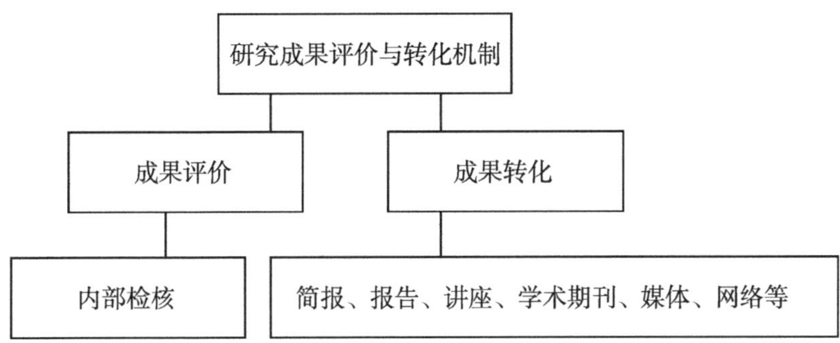

图 14 研究成果评价与转化机制编码

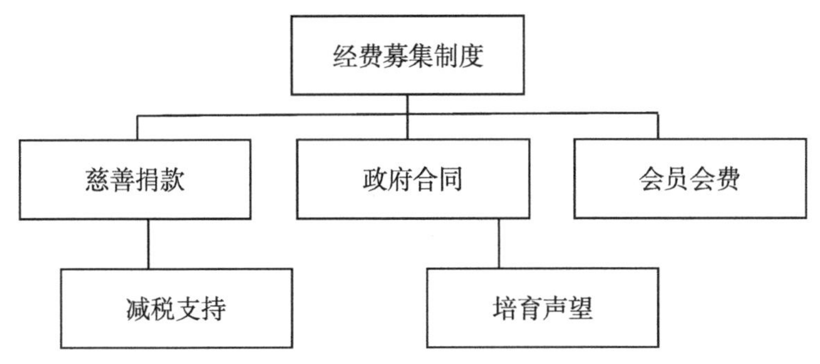

图 15 经费募集制度编码